미래지능

미래 지능

미래 예측력을 높이는 방법

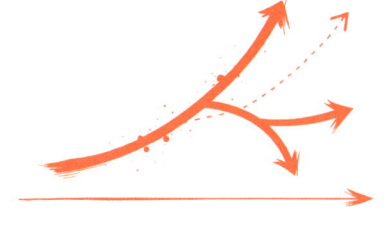

박성원
지음

글항아리

프롤로그

미래학 대학원에서 있었던 사건

미국 하와이대학 정치학과 대학원에 입학해 미래학을 배우며 연구한 지 3년째 되던 어느 날, 지도교수인 짐 데이터는 내게 자신이 외국에 나갈 일이 있으니 이번 주 수업은 대신 맡아서 해 보라고 했다.* 데이터 교수 연구실에서 연구조교를 했고 여러 해 수업 준비도 도왔지만, 대학원생들 상대로 하는 강의는 처음이었다. 데이터 교수는 내게 어떤 내용으로 할 것인지 물었고 나는 꼼꼼히 준비했다. 사실 대학원생들은 내 동료였기에 그들에게 뭘 가르친다는 일은 무척 부담되었다.

---

* 필자가 2019년에 펴낸 『미래 공부』에서 왜 하와이대학에서 미래학을 공부하기로 결심했는지를 자세히 썼다. 『미래 공부』가 필자의 개인적 경험에서 미래학의 쓸모를 피력한 책이었다면, 『미래 지능』은 시민이 직접 미래학의 이론과 방법론을 쉽게 적용하고 그 효용감을 느끼도록 하는 과정을 담으려 했다.

동료들은 응원하면서 내 강의를 진지하게 들어주었고 질문도 많이 했다. 지금도 선명하게 기억나는 것은 20여 명이 강의실에 반원 모양으로 둘러앉아 내 이야기도 듣고 서로 토론하던 장면이다. 그런데 1시간 반쯤 지났을까. 분위기가 예기치 않게 흘러갔다. 한 대학원생이 미래에 있어서는 인간의 의지가 중요하며 그에 따라 미래도 바뀐다고 주장하자 다른 이가 미래는 사회구조에 좌우된다며 인간의 의지보다 사회 시스템이 더 중요하다고 맞섰다. 미래에 영향을 미치는 요인으로 인간의 의지가 먼저냐 사회구조가 먼저냐 하는 것은 미래학의 오래된 논쟁이어서 우리는 느긋하게 이를 즐기려던 참이었다.

문제는 사회구조가 중요하다고 했던 학생이 갑자기 흥분한 데서 비롯되었다. 그는 하와이에서 나고 자랐는데 평소 하와이가 미국으로부터 독립해야 한다고 주장했다. 하와이는 1959년 미국의 50번째 주로 편입되었는데, 일부 주민은 여전히 독립을 주장하고 있다. 하와이에서 온갖 군사 훈련이 벌어지는데, 이 때문에 자연이 망가지고 섬을 지키는 신령들이 고통받는다는 이유에서다. 그러니까 그의 주장은 미국이 구조적으로 지배하고 있는 이 섬에서 개인들이 아무리 독립을 꿈꾼다 해도 실현될 리 없다는 것이었다. 인간의 의지를 주장했던 대학원생도 다수의 의지와 면밀한 계획이 있으면 사회구조도 변화된다며 주장을 굽히지 않자, 이들은 곧 주먹다짐할 것처럼 분위기가 험악해졌다.

미래학은 한가하게 장밋빛 앞날을 논의하는 학문이 아님을 나는 이 자리에서 깨달았다. 누군가에게 미래는 고통스러운 시공간이어서 생각하면 할수록 무기력하고 우울해진다. 개인의 노력으로 바꿀 수 없는 미래, 오랜 전통과 사회적 관습, 제도와 법, 삶의 습관이 쌓이고 가로막아 원하는 변화를 끌어낼 수 없을 때 미래는 진저리 쳐진다.

이후로 나는 대학과 대학원에서 미래학을 가르쳐왔다. 뿐만 아니라 중고등학교, 공공기관, 정부와 국회, 기업과 시민단체에서도 미래학의 이론과 방법론, 사례에 대해 강의했다. 그때마다 두 동료를 떠올리며 긴장한다. 현재와 다른 미래를 얘기하는 것이 누군가에게는 괴로울 수 있다는 사실을 알기 때문이다.

미래학은 변화를 다루는 학문이다. 변화는 누군가에겐 환영받지만, 다른 누군가에겐 저항을 불러일으킨다. 대부분의 사람은 변화를 좋아하지 않는다. 적응하는 데 노동이 뒤따르니까. 게다가 그 적응의 노력이 성공할지 확신하기도 어렵다. 이럴 때는 현재의 포지션을 지키기 위해 가만있는 편이 유리하다고 생각한다.

그러나 이런 수동적인 방어기제는 지속하기 어렵다. 도도하게 다가오는 변화를 어떻게 막아서겠는가. 먼저 적응하는 사람이 있고 늦게 하는 사람이 있을 뿐 이것을 거슬러서 생존하기는 어렵다. 특히 기술의 변화는 차갑고 무차별적이다.

그렇다면 어떻게 변화를 해석할 것이며, 내 목표를 이루기 위해 어떻게 활용할 것인지 전략적으로 생각하는 게 맞다. 인간이 호모 사피엔스로 무려 20만 년 이상 생존한 이유는 지능 덕분인데, 지능은 '매우 불확실한 환경에서도 어떻게든 자신의 목표를 이루기 위한 역량'이라고 정의된다. 결과가 보이지 않아도 목표를 끊임없이 밀고 나가는 능력이 지능인데, 그러자면 앞을 내다보는 능력, 즉 예측 능력이 필요하다.

지능의 핵심은 미래 전망

인간의 지능을 인공지능으로 재창조하려는 과학기술자들은 지능의 핵심을 미래 전망이라고 주장한다. 『생각하는 뇌, 생각하는 기계』를 펴낸 인공지능 연구자 제프 호킨스와 샌드라 블레이크슬리는 '상상'은 '계획'과 같은 말이라고 본다. 계획하기 전에 인간은 늘 상상한다는 말인데, 이 말의 맥락을 풀어보면 다음과 같다.

체스를 둘 때 당신은 기사를 어느 위치로 옮길지 상상한 다음, 그렇게 움직였을 때의 체스판 모습을 눈앞에 그려본다. 그 심상을 떠올린 상태에서, 상대가 어떤 수를 둘지 예측한다. 당신은 상상 속에서 계속 수를 두고 결과를 본다. 최종적으로 당신은 이렇게 상상한 수들을 토대로 자신이 둔 수가 좋았는지 나빴는지 판단한다. 이는 마치 활강 스키 선수가 마음속으로 활강 훈련을 반복함으로써 성적을 향상시키는 과정과 비슷하다. 눈을 감고 모든 회전, 모든 장애물, 심지어 시상대에 오르는 모습까지 상상함으로써 그들은 성공 가능성을 높인다.

인간은 행동하기 전에 그 결과가 어떨지 예상할 수 있으며 이런 상상이 곧 성공적인 계획의 시작이다. 이런 점에서 미래학과 인공지능학의 목적은 같다. 인간이 미래를 예측하는 과정을 탐구해 이를 이론과 방법론으로, 또 컴퓨터 알고리즘으로 구현하는 것이다.

인간의 예측 능력이 뛰어난 이유는 남의 이야기를 잘 듣기 때문이다. 예측은 기본적으로 행동의 결과를 미리 가늠하는 능력이다. 그러려면 상대가 어떤 생각을 하고 있는지 알아야 한다. 그래서 언어가 발달했고, 소통이 삶의 중요한 기술이 되었다. 때로 상대가 못마땅해도 그의 말을 들으려고 노력하는 것은 예측하기 위해서다. 나와 의견이 달라도 상대의 의견을 들어야 그의 행동을 예측할 수 있다.

미국의 심리학자 마틴 셀리그먼과 그의 동료들이 펴낸 『호모 프로스펙투스 Homo Prospectus』는 전망하는 인간에 대해 말한다. 프로스펙투스는 전망을 뜻하는 단어로, 이는 곧 인간의 내재적 특성이 '전망'임을 강조한 것이다. 저자들은 인간을 뜻하는 학명

'호모 사피엔스'가 모호한 정의라고 비판한다. 지혜로운 인간이 어떤 인간인지는 정의하기 힘들기 때문이다. 이어서 그들은 인간이 지혜로운 것은 '전망하는 능력' 때문이라고 재정의한다. 시간을 과거와 현재, 미래로 나눠서 보는 동물은 인간뿐이고 미래를 전망하려고 노력하는 동물도 인간이 유일하다. 인간이 미래를 예측하는 이유로는 여러 가지를 들 수 있는데, 『호모 프로스펙투스』에 나오는 다음 문장을 읽어보자.

> 인간 뇌의 목적은 비의 예보나 지붕이 있는 오두막을 짓는 방법 또는 사슴과 영양이 어디로 뛰어다닐지 예측하는 것이 아니다. (인간의 뇌는) 상대를 이해하고 새로운 관계를 맺는 데 사용되었다. 인간 행동의 복잡성을 고려하면, 상대방의 행위를 기대하고 예측하는 것을 배우는 일은 끝없는 프로젝트일 것이다. 하지만 여기에 능숙한 사람들은 이걸 할 줄 모르는 사람들보다 생존과 번식에서 더 우위에 있을 가능성이 크다.*

지금은 인간의 소통 능력이 퇴화하고 있다. 자신이 듣고 싶은 얘기만 듣는 세상으로 바뀌고 있기 때문이다. SNS 등의 기술이 이런 행동을 적극 조장하고 있다. 이런 경향이 지속된다면 우리는 개인 맞춤형 알고리즘 탓에 나와 다른 생각을 하는 사람들이

---

* 마틴 셀리그먼, 로이 바우마이스터, 피터 레일턴, 찬드라 스리파다, (2021), 『전망하는 인간, 호모 프로스펙투스』 김경일·김태훈 역, 웅진지식하우스, 223~224쪽

어떻게 행동할지, 그래서 사회는 어떻게 변해갈지 예측하기가 더 어려워진다.

변화에 적응하려는 노력, 달리 말해 변화의 양상을 이해하고 미래의 전개 과정을 예측하려는 노력을 하지 않겠다면 그 일을 대신할 존재가 있으니 걱정하지 않아도 된다. 인공지능이 당신의 예측 능력을 대체할 테니까. 인간이 만물을 다스리는 수준까지 진화한 이유는 생각하는 능력 덕분이다. 이 능력은 가설을 세우고, 이를 증명하고, 성공과 실패를 통해 배우며, 더 나은 가설을 세울 수 있는 자질이다. 가설을 세운다는 것은 예측하는 행위다. 현재까지의 경험과 이론을 토대로 '만약 이렇게 한다면, 이런 결과가 나올 수 있다'고 가정하는 것이 가설이다. 변화에 적응하지 않겠다고 한다면 이런 생각의 능력을 포기하는 것과 같다.

인간이 스스로 예측 능력을 퇴화시키고 있을 때 인공지능은 이 능력을 따라잡으려고 맹추격 중이다. 코로나19가 한창이던 2021년, 어떤 전문가도 팬데믹의 추세가 언제쯤 꺾일지 장담조차 못할 때 미래를 예측한 존재가 있었다. 미국의 한 과학기술 블로거가 인공지능 개발 기업 오픈AI에서 만든 생성형 인공지능 챗지피티 3.5버전에게 코로나19가 언제쯤 종료될지 묻자 챗지피티는 간명하게 2023년을 제시했다.* 그리고 2년 뒤 세계보건기구에서 2023년 5월 공식적으로 '국제공중보건 위기 상황'을

* Thomas Smith, (Sep, 2021), 「I Asked GPT-3 About Covid-19. Its Responses Shocked Me, Thomas Smith」 『Medium』

해제했다. 아직 코로나19의 위험도는 높지만, 발생률이 감소하고 의료 체계가 유지되고 있으며, 높은 수준의 인구 면역을 고려해 팬데믹을 장기적 관리 단계로 전환한 것이다.

인공지능이 어쩌다 미래를 알아맞혔다고 볼 수도 있다. 하지만 앞으로 인공지능이 사람보다 앞서 미래를 예측하고, 그 정확도는 차츰 높아지며, 이런 경험이 계속 축적된다면 어떻게 될까? 인간이 수시로 인공지능에게 미래를 물어보고 그에 따라 행동하는 사례가 증가한다면 인간의 미래는 어떻게 될까?

조심스럽지만 이런 미래를 그려볼 수 있다. 인공지능이 미래를 예측하는 것이 보편화되면 인간은 점차 미래를 예측하지 않아 그 고유한 예측 능력이 퇴화할 것이다. 마치 인간의 꼬리가 퇴화하여 꼬리뼈만 남았듯이. 그러면 지구상에서 인공지능은 생각하는 존재로 격상되고, 인간은 인공지능의 생각을 따라가는 노예로 전락할 것이다.

완전히 과소평가되고 있는 능력

독일에서 활동하는 미래학자 카타리나 미카엘스키는 2024년 링크드인 인스타그램, 그리고 미래연구 네트워크를 통해 세계에서 활동하는 미래 예측가를 모집해 미래학이 성장하고 있는지를 조사한 바 있다.* 총 202명 중 139명이 1차 조사에 참여했고, 103명이 전체 응답을 완료했다.

그는 우선 미래 예측가가 양적으로 증가하고 있음을 보여준다. 특히 설문조사의 응답자 중 49퍼센트가 최근 5년 이내 진입자였는데, 이는 미래학 분야에 신규 진입자가 늘고 있다는 증거다. 또한 미래학이 특정 전문가 집단의 전유물이 아니라 확장하

---

* 전체 보고서는 다음 사이트에서 내려받을 수 있다. https://www.foresightfolk.com/research

는 실천 커뮤니티로 변화 중임을 시사한다.

응답자 가운데 84퍼센트가 기존 직업(예컨대 전략, 디자인, 정책, 교육 등)에서 미래 예측의 직무를 자신의 이력에 추가하거나 아예 미래 예측가로 전환했다고 답했다. 다양한 전문성을 지닌 사람들이 이 분야로 진입하면서 접근성과 확장성이 높아진 것이다. 연령의 다양화도 주목된다. 미국의 미래 예측가 마이클 매리언(2000)이 2000년 당시 35세 이하 미래 연구자의 비율은 1.7퍼센트라고 조사한 바 있는데, 이번 조사에서는 10퍼센트로 증가했다. 미래학이 점점 젊어지고 있는 것이다.

예측 방법론과 전문 역량의 발전도 눈에 띈다. 조사 참여자들이 보유한 예측 역량은 전략적 미래 예측(67퍼센트), 미래 변화를 실시간으로 파악하는 능력(66퍼센트), 비판적 미래 사고(59퍼센트)가 주를 이뤘다. 미래학의 연구, 이해, 상상, 적용 단계를 아우르는 통합형 프레임의 증가를 확인할 수 있다. 참여자들은 향후 개발하고 싶은 역량으로 미래 예측을 통한 의사결정 역량(28퍼센트), 위기 이후 회복력 전략(25퍼센트), 인공지능 기반 예측 역량 등을 꼽았다. 이는 새로운 위험과 기술 변화에 대응하려는 능동적 학습 태도가 강화되고 있음을 드러낸다. 참여적 미래 예측 Participatory Foresight 방법론이 활발하게 사용되고 있다는 점도 주목된다. 특정한 학적 배경 없이도 다양한 사람이 미래 예측에 참여하고 있다는 점은 미래학이 보편적 방법론으로 떠오르고 있음을 입증한다.* 이는 미래학을 전통적인 학문뿐만 아니라, 실질적으로 사회 변화를 이끄는 도구로 인식하고 있음을 나타낸다.

내가 이 책에서 '미래 연습'이 필요하다고 주장하는 이유는 기술의 발전으로 인간의 예측 능력이 퇴화할 것이란 부정적 전망 때문이기도 하지만, 더 본질적으로는 세계가 인간의 미래 예측력을 더 필요로 하고 있다는 수요적 관점 때문이다. 특히 진로를 결정해야 하는 청년들이나 직무를 전환하려는 중장년은 미래 예측력을 생존 무기로 지녀야 한다. 어떤 일을 하든 중장기적 미래를 내다본다면 그 일을 더 잘할 수 있다.

하버드대학 경영대학원의 카림 라카니 교수는 "대부분의 임원, 관리자, 리더에게는 두 가지 의무가 있다"며 "하나는 끊임없는 학습이고, 다른 하나는 완전히 과소평가되고 있는데, 변화와 변화 관리"라고 주장했다.** 기업에서 필요로 하는 인재는 이처럼 변화를 이해하고 장기적 관점에서 조망하는 힘, 필요한 변화를 일으키는 힘을 갖춘 사람이다.

---

* 미래학이 활용되는 곳이 대학에서 기업으로 활발히 전환되고 있다는 점도 눈에 띈다. 현재 미래 예측가들이 활동하는 영역으로 프리랜서(32퍼센트), 기업(9퍼센트), 정부 기관(10퍼센트), 컨설팅(18퍼센트), 스타트업(6퍼센트), 싱크탱크(4퍼센트) 등을 꼽았다. 특히 미래학에 새로 진입한 이의 40퍼센트가 프리랜서, 18퍼센트가 컨설팅을 꼽아 민간 분야의 진입장벽이 낮아지고 유연해졌음을 나타냈다. 기업 내 조직적 측면에서도 조직 전략, 혁신 기획, 정책 설계 등에 미래학이 통합적으로 활용되고 있다. 설문 참여자의 16퍼센트는 직원이 있는 사업체 운영자였으며 이는 미래학이 비즈니스 기반으로도 성숙하고 있음을 보여주는 지표다. 미래학에 진입한 동기 살펴보면, 1위는 미래에 대한 호기심과 관심(80퍼센트)이었다. 2위는 장기적 변화를 추구하는 방법을 찾으려는 동기(74퍼센트)가 꼽혔다. 3위는 복잡한 문제와 시스템 변화에 대한 흥미(73퍼센트)였다.

** 'AI won't replace humans but humans with AI will replace humans without AI', *Harvard Business Review*, 2023년 8월 4일 자.

나는 지난 20여 년 동안 다양한 사람들과 함께 미래를 전망해왔다. 이들 개개인은 선입견도 있고 편견도 있다. 생존에 바빠 미래를 생각할 겨를도 없다. 그럼에도 나는 이들을 한데 모으고 앞날을 전망하면서 이들이 균형 잡힌 사고로 정확하게 예측한다는 사실을 깨달았다.

미래 지능은 미래 연습을 통해 길러진다. 미래를 연습한다는 의미는 미래에 벌어질 일들을 스스로 예측하고 내 전략을 수정하는 과정을 말한다. 예측하려면 미래가 만들어지는 원리를 이해해야 한다. 여기에는 수많은 이론과 방법론이 있지만 결국은 스스로 해봐야 체득할 수 있다. 이론과 방법론을 몰라도 자기 경험에서 직접 얻은 원리를 바탕으로 미래를 전망해도 좋다. 그러나 연습에는 끝이 없다. 연습의 목표는 내 한계를 알고 이것을 돌파하는 데 있지 연습을 멈춰도 되는 어떤 수준에 도달하자는 것이 아니다.

이런 점에서 연습은 수행에 가깝다. 미래라는 시공간을 이해하는 나의 인지적 지능의 한계를 돌파하려는 수행. 미래를 끊임없이 연습하는 사람에게 때로 미래 전망의 실패는 수치심이 아니라 또 다른 배움의 기회다.

나에게 미래는 삶의 스승이다. 늘 나보다 한발 앞서 있는 스승의 발자취는 공부를 지속하게 하는 원동력이다. 미래를 제대로 전망하려면 겸손, 호기심, 열린 마음, 성찰, 불확실성 포용 등의 태도가 요구된다. 실제로 이런 태도를 갖춘 사람들이 미래의 변화를 균형 있게 전망하며, 작은 변화의 조짐도 놓치지 않는다.

　이런 태도를 만들고 우리 삶에 적극 활용하는 과정에서 미래 지능이 발휘되고 높아진다. 누구라도 이 과정을 배우고 실전에 활용하려면 여러 걸림돌을 맞닥뜨리고 넘어서야 한다. 지금까지 20년 동안 미래학을 가르쳐오면서 나는 초보자들이 마주하는 걸림돌을 관찰해왔다. 이는 나도 부딪힌 걸림돌이었다. 미래를 전망하는 연습 과정에서 만나는 질문이라 할 수도 있고, 미래 전망을 방해하는 악당일 수도 있다. 미래를 보려는 내 시야를 가로막는 것들을 상대하려면 예측의 이론과 방법론으로 무장해야 한다. 이건 어려운 일이 아니다. 하나씩 그 본질을 살펴보고 효과적으로 상대하며 이 과정에서 나의 예측 역량을 키울 수 있다면 어느새 미래 전문가가 되어 있을 것이다.

차례

프롤로그 005

미래학 대학원에서 있었던 사건
지능의 핵심은 미래 전망
완전히 과소평가되고 있는 능력

1장 미래는 왜 늘 불안한가요? 025

불안한 것을 회피하려는 마음
과거부터 되돌아보는 것이 예측의 첫걸음
미래 연습 불안에서 미래 변화 감각으로 옮겨가는 방법

2장 지금 사는 것도 바쁜데 언제 미래까지 생각해요? 043

현재를 미래에 저당 잡히고 싶지 않다
미래를 압도하는 생존 논리
당신이 지금 하는 일은 머잖아 사라진다
사람 없는 사무실의 등장
미래 연습 경험의 시간을 압축하는 방법

3장   미래는 확실한 게 없잖아요?   075

'역사의 종말' 이후 후쿠야마의 반성
우치다 다쓰루의 '생산적 불확실성'
미래 연습 불확실성을 호기심과 떨림 에너지로 바꾸는 연습

4장   미래를 정확하게 예측할 수 있나요?   095

2019년에 예고된 팬데믹
미래는 기대와 반대로 흐른다
예측 편향의 문제
예측을 방해하는 세 가지 악당
사회적 상호작용과 예측의 수정
미래 연습 사회적 불편함을 감수하는 예측하기

5장   미래가 계획한 대로 되나요?   123

하버드대학의 방어기제 연구
세계 최초의 비행사와 전쟁 영웅의 공통점
'부정적 전망'과 '잘못된 전망'의 차이
미래 연습 예상하는 역량 향상하기

6장 돌발 상황도 예측할 수 있나요? 145

그날의 계획은 완벽했는데……

붕괴라는 돌발 상황

조용히 다가오는 파열음

미래 연습 돌발 상황과 이머징 이슈 다루기

7장 그래서, 미래 예측으로 뭐가 바뀌는데요? 165

호놀룰루에서 만난 미래

7000년 전의 미래 예측, 울산 반구대 암각화

미래 세대의 마음을 읽는 법

세계를 바꾸는 미래 예측

미래 연습 2035년 미래 전망은 무엇을 바꾸는가?

8장 초보자도 어렵지 않게 예측하는 방법과 사례가 있나요? 191

예측가의 탄생

불가능을 믿는 훈련

양자적 세계와 시간의 창조자

미래 연습 예측가로 다시 태어나기

9장 내가 바라는 사회가 있지만 나 혼자 어떻게 바꿔요?   211

누군가는 변화를 위해 나선다
미래 실현성
형태발생적 미래의 등장
미래 연습 작은 목소리로 미래 바꾸기

10장 장기적인 계획을 실현할 재원은 어떻게 마련하나요?   237

라마와 달리오의 조언, "작게 시작하라"
실패를 부검하자
꿈은 있는데 그래도 돈이 문제야
미래를 읽는 기업들의 적응과 예견
미래 연습 장기적 재정 계획 수립 워크숍

11장 그래도 실패할까 두려워요. 그냥 남들 따라갈래요   263

실패 고래를 만든 이잉 루의 이야기
비적응 지능이 발굴하는 미래
운명에 저항하는 것은 미래 예측의 본질
미래 연습 비적응 지능 활용해보기

에필로그 갈 길을 잃어버린 줄도 모르는 친구에게   **291**
참고문헌   **297**
더 깊은 미래 연습을 위해 읽어볼 책들   **300**

1장

미래는 왜
늘 불안한가요?

불안한 것을 회피하려는 마음

눈을 감고 '미래' 하면 어떤 단어들이 머릿속에 떠오르는지 살펴보자. 다음 문장을 읽지 말고 스스로 생각해보자. 기후위기, 인공지능의 일자리 대체, 사회경제적 양극화, 1인 가족의 증가, 개인의 사회적 고립도 증가, 초고령화, 저출생, 북한의 위협, 중국과 미국의 적대적 경쟁, 사회적 갈등 증가, 주거 불안정, 무한 경쟁, 한국의 잠재 성장률 하락…….

이 중 당신이 미래를 상상하며 떠올렸던 것과 몇 개나 일치하는가. 일치한 내용이 많을수록 당신은 비관론자에 가깝다. 일치한 것이 적더라도 당신이 상상한 미래 이미지는 긍정적인 것보다 부정적인 것이 더 많지 않은가. 언제부터인가 우리는 미래를 생각하면 부정적인 이미지를 떠올린다.

시장조사 기업 마크로밀 엠브레인이 2016년 전국의 만 19~59세 성인 남녀 1000명을 대상으로 미래사회를 떠올릴 때 연상되는 이미지를 조사한 적이 있다. 그 결과 '복잡한' '감시' '통제' '혼란' '불안' '불평등' '차가운' '팍팍한' '단절' 등 부정적 감정이 드는 단어들이 '편리' '발전' 등 긍정적 단어보다 훨씬 더 많았다. 응답자들은 이처럼 미래사회를 불안하게 보는 이유로 일자리 문제와 인간의 존엄성 훼손, 초고령화 사회의 도래, 사회계층의 양극화, 생태계 파괴와 환경오염, 신종 질병의 출현, 치열한 사회적 경쟁 등을 꼽았다. 조사 이후 거의 10년이 흘렀는데 미래를 불안하게 보는 원인과 분위기는 달라졌을까.

　미래는 늘 불확실하기에 시대와 지역을 막론하고 인간은 미래를 불안하게 본다. 그래서 '불안한 미래'라는 표현은 동어반복이다. 미래 앞에 '확실한'이라는 단어를 붙여보라. 확실한 미래, 틀림없이 실현되는 미래. 듣기에 안정감을 주는 것 같지만 다음 문장을 보자. "당신은 내일 틀림없이 큰 사고를 당할 것이다." 이 말을 듣는 순간 당신은 집 밖으로 한 발짝도 나가지 않을 것이다. 집 안에 있어도 사고를 당할 수 있으니, 어디에 있어야 할까. 당신이 이 비극적 운명을 바꿀 수 없다면 이 말을 듣는 순간부터 삶은 얼마나 끔찍해질까.

　그렇다면 미래는 불안하고 불확실한 것이 정상이다. 미래가 불안해서 우울하거나 무력감이 생기는 것이 아니다. 바꿀 수 없다고 믿기 때문에 무력감이 생기는 것이다. 미래가 비관적이어도 바꿀 수 있다는 믿음만 있다면 우울하지 않다.

　미래는 불안한 것이 정상인데 유독 자신의 미래가 더 불안하게 느껴지는 때가 있다. 이런 감정은 놓치지 말고 천천히 깊게 들여다봐야 한다. 왜 갑자기 미래가 불안해질까. 미래를 전망한 많은 책의 서문을 읽어보면 그 이유가 나온다. 대부분은 이렇게 시작한다. "내가 기대했던 미래가 아니다." "뭔가 잘못되고 있다." "이대로 가면 내가 원하는 세상이 아니다."

　이런 고백에는 세상을 보는 자신만의 시각에 뭔가 문제가 생겼는데 단순히 시각을 교정해 가던 길을 수정·보완하는 정도만으로는 불충분하다는 불안감이 배어 있다. 내가 믿고 걸어왔던 길 전체에 대한 혼란에 어찌할 바를 모르겠다는 감정인 것이다. 걷는 길이 출구 없는 막다른 곳에 다다른다는 생각이 분명해지면 미래가 몹시 불안해진다. 이럴 때는 어떻게 해야 하나. 왔던 길을 돌아가야 하나? 아니면 타임머신을 타고 가서 나의 과거를 바꿔야 하나?

과거부터 되돌아보는 것이 예측의 첫걸음

미래가 아직 써야 할 원고라면, 과거 또한 이미 끝난 책이 아니라 언제든 다시 읽히고 새롭게 의미를 얻을 수 있는 초안이다. 여태 경험한 것 중 내가 지향했던 미래와 관련성 높은 것들이 내 인생 책에 기록되겠지만 그렇다고 거기 포함되지 않은 과거의 경험이 모두 쓸모없는 것은 아니다. 무용하다고 여겼던 경험이 갑자기 빛날 때가 있다. 내가 왜 그 생각을 못했지? 내가 왜 그 경험에서 만난 인연을 까맣게 잊어버렸지? 이런 생각이 들면 잊혔던 과거는 다시 중요한 경험으로 되살아난다. 그 과거 덕택에 새로운 미래를 그려볼 수 있기 때문이다. 미래를 전망하려면 과거부터 되돌아봐야 하는 이유다.

좀더 자세히 이야기해보자. 가던 길에 불안감이 생겼다면 성찰이 요구된다. 이대로 가면 내가 원하는 미래를 만날 수 없다는 생각이 들기 시작할 때, 주저 말고 지금껏 걸어온 길을 되돌아봐야 한다. 과거에 이 길을 선택했을 때는 분명 이유가 있었을 것이다. 그러나 시간이 흐르면서 상황과 조건이 바뀌었을 것이다. 유행이 바뀌고, 사람들의 생각과 행동이 달라지고, 사회가 변했을 것이다. 이런 변화들을 하나둘 놓치거나 무시해왔을 것이다. 때에 맞춰 새로운 상황에 적응하거나 변화를 일으켰다면 다른 길을 갔을 것이다. 이런 생각을 해보는 것이 성찰이다.

내 삶 앞에 놓인 여러 미래를 전망할 때 우리가 먼저 해야 할 일은 미래를 불안하게 여기는 원인을 찾는 것이다. 과거에 대한 성찰은 미래의 불안함에서 시작된다. 나는 이 과정을 성찰적 미래 예측reflective forecasting이라 부른다. 불안한 미래를 지각하면서 내 삶을 되돌아보고, 과거를 재조명해보고, 목표를 다시 점검하고, 예전 동료들을 재발견하고, 이를 통해 앞으로 다시 나아갈 힘을 얻는 과정으로 정의할 수 있다.

그러면 상당한 변화가 일어난다. 가까이했던 친구나 동료와 멀어질 결심이 설 수도 있고, 새로운 경험을 하기 위해 낯선 곳으로 뛰어들 수도 있다. 중장기 재정 계획을 새로 짜야 하며, 잘 다니던 직장을 그만둘 수도 있다. 이 과정을 면밀하게 준비하고 실행한다면 비록 당장은 더 불안해지더라도 머지않아 '왜 이런 선택을 진작 못 했지?'라며 본인의 결단에 만족할 것이다. 성찰을 잘하는 사람이 미래 준비도 잘한다.

미래를 예측하거나 대비하려면 과거의 요소 중 중요한 것들을 골라 미래로 가져가야 한다. 과거에는 성공적인 경험, 교훈, 또는 가치가 존재한다. 이러한 요소들은 시간이 지나도 변치 않거나, 변하더라도 여전히 유효한 중요 자산이 될 수 있다. 예컨대 어려움을 버텨냈던 자신만의 또는 조직의 역사와 문화, 불안해도 도전을 이끌었던 리더십, 상황이 불리해도 포기하지 않았던 가치나 윤리적 원칙 등은 여전히 내 삶이나 내가 속한 조직의 성공에 기여할 수 있다. 이런 것들은 미래에도 유지할 가치가 있다. 동시에 미래에는 새로운 기술, 사회적 변화, 환경적 변화 등이 있을 것이다. 이에 대비하기 위해 현재 상황을 고려하며, 무엇이 새로워질지에 대한 예측과 함께 기존의 어떤 요소들이 앞으로도 유용할지 판단해야 한다.

　과거와 현재에서 유효했던 중요한 가치와 교훈은 미래에도 적용할 수 있지만, 새로운 도전과 기회에 맞춰 그것들을 적절히 조정하거나 수정·발전시켜야 한다. 미래를 예측하는 과정에서 잊었던 과거를 새롭게 해석·발굴하고 창조적으로 활용하는 방안을 찾아야 한다.

미래 연습
불안에서 미래 변화 감각으로 옮겨가는 방법

미래에 대한 불안이 미래를 이해하지 못한 무지의 고통이 아니라, '아직 언어화되지 않은 변화의 감각'을 기다리는 상태라고 정의해보자. 이 감각을 훈련하면 개인은 '불확실한 미래'에 대한 본질을 파악하고 그에 대한 대응력을 키울 수 있다. 다음의 과정을 따라해보자.

먼저 불안의 정체를 해체하고 '감각 자료'로 전환하는 것이다. 막연한 불안을 언어로 표현해보자. 예를 들어 "최근 나를 가장 불안하게 만든 뉴스는?"이라는 질문에 답해보자. 그런 뒤 "그 뉴스는 무엇이 바뀌고 있다는 신호일까?"라는 것에 답해보자. 가령 최근 나를 가장 불안하게 만든 것은 20대와 30대 절반이 자가 주택을 영원히 소유하지 못할 것이라는 뉴스라고 해보자.

이는 한국, 일본, 미국에서 자주 보도되는 내용이다.

이 뉴스는 무엇이 바뀌고 있다는 신호일까? 자산 기반의 사회계약이 붕괴하고 있음을 시사할 수 있다. 지금까지는 열심히 일하면 언젠가 집을 살 수 있다는 암묵적 사회계약이 있었다. 그러나 노동과 자산의 연결 고리가 끊기면서 개인의 노력보다 부모의 자산, 출발선, 세습 여부가 삶을 좌우하는 시대가 되었음을 뜻한다.

이 뉴스는 '사회적 미래 약속'의 퇴색도 의미한다. 자산이 없는 청년에게 미래는 투자도, 약속도, 계획도 되지 않는다. '집을 못 살 거면 애도 안 낳고, 결혼도 안 할래'로 연결되어 생애 설계가 불가능해진다. 결국 청년들의 사회적 미래 감각이 마비되는 상태에 이른다. 또한 이 뉴스는 집이 투기 대상이 되면서 '삶을 설계하고 기억하고 꿈꾸는 장소'가 아닌 '빼앗기는 장소'로 기억될 수 있다. 이 불안 속에는 '소유 중심 사회에서 관계 중심 사회로' 전환될 신호가 암시되어 있다. 예컨대 코하우징(개인의 사생활을 보장하면서도 이웃 간의 교류와 협력을 장려하는 주거 방식), 기본주거권 개념의 강화 등을 전망할 수 있다. 결론적으로 지금의 주거 불안은 '새로운 주거 방법'을 상상하고 준비하라는 미래 신호일 수 있다(표 1-1 참조).

표 1-1 미래 불안을 변화 신호로 파악하기

미래 불안	변화 신호 파악하기
최근 나를 가장 불안하게 만든 뉴스는?	2030세대 절반이 집을 살 수 없게 될 것
그것이 왜 불안한가?	미래 삶을 설계할 기반이 사라진다는 느낌
이것은 무엇이 바뀐다는 신호일까?	노동과 자산의 연결 단절, 사회계약의 붕괴, 소유 기반 질서의 해체
이 불안을 통해 내가 이해할 변화는?	새로운 주거 형태, 관계 중심 생애 설계, 공간의 재사회화 흐름

이번에는 다각적으로 '불안'을 '신호'로 바꿔보자. 불안을 미래 변화의 징후로 다시 보는 것이다. 미래학 이론을 활용해서 미래 신호를 구조적으로 발견해보자. 미래 예측 방법론 중에 미래 삼각형Futures Triangle 기법이 있다.* 먼저 미래 삼각형의 구성을 설명하자면, 삼각형의 한 꼭짓점을 필요한 변화를 일으키는 미래의 힘Pull of the Future으로 놓는다. 다른 꼭짓점은 어떤 방향으로 사회를 밀어내는 현재의 힘Push of the Present으로 놓는다. 그리고 마지막 꼭짓점으로 과거의 관행을 유지하려는 힘Weight of the Past으로 놓는다(그림 1-1 참조).

---

* Sohail Inayatullah, (2008), "Six pillars: futures thinking for transforming" *Foresight*, 10(1), 4~21.

그림 1-1 미래 삼각형 구조

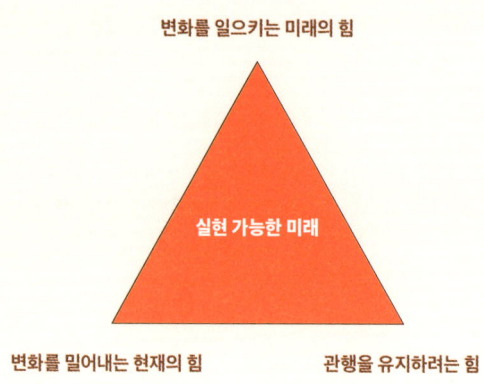

이 방법은 미래 변화가 단선적이지 않다는 점을 가정한다. "이 추세가 변하지 않고 계속된다면……" 식의 단선적 예측은 과거의 연장선만 보게 한다는 비판이 깔려 있다. 미래는 여러 동인이 얽힌 복합적인 구조임을 이해해야 한다. 또한 이 기법은 변화를 유도하는 힘과 저항하는 힘을 함께 보기 위해 고안되었다. 사회에는 미래를 밀어붙이는 힘(추세)도 있지만, 그것에 저항하거나 방해하는 힘(관성)도 있다. 이 두 가지를 함께 보지 않으면 변화가 왜 더딘지, 반대로 왜 급격하게 일어나는지 이해하기 어렵다.

미래 삼각형 방법을 연습하기 위한 예시로 '학교에 인공지능 AI 교사 도입'에 따른 학부모의 불안을 다뤄보자. 최근 'AI 교사가 공교육에 도입된다'는 뉴스를 듣고 어떤 학부모가 "우리 아이가 '진짜 사람'에게 교육받지 못하면 정서적으로 불안정해지고, 교육이 기계처럼 될까봐 걱정돼요"라고 말했다고 해보자. 이 불안을 미래 삼각형에 대입하면 표 1-2와 같다.

이 불안이 생겨난 근원은 한편으로 미래의 끌어당기는 힘이 작용한 것으로 볼 수 있다. 예를 들어 AI 교사가 학생 개개인에게 맞춤형 학습을 가능하게 한다든지, 교육 분야에 디지털 전환이 가속화된다든지, 교사의 역할이 학생의 삶 전반에 대한 코치나 감정 조율자로 전환된다든지 하는 미래 이슈를 들 수 있다. 이런 예측은 아직 실현되지 않았지만 머잖아 될 거라고 가정할 수 있다. 이런 사례들이 미래가 끌어당기는 힘을 보여준다.

한편 이 불안을 일으키는 현재의 압력으로는 일선 교사의 부족, 지역 간 교육 격차의 심화, AI 기술의 급성장, 코로나19 이후 원격 교육의 수요 증가 등을 들 수 있다. 이는 현재에 경험하는 것으로 교육 현장을 바꾸는 동력으로 작용한다. 마지막으로 과거의 관성적 힘은 교사란 인간이어야 한다는 믿음이나 면대면 교육의 이상화, 또는 정서적 유대가 교육의 본질이라는 전통 등이다. 이런 과거의 관행이나 믿음 때문에 부모들은 인공지능 교사가 도입된다는 뉴스에 불안감을 느끼는 것이다. 결국 학부모의 불안은 단순히 기술에 관한 두려움이 아니라, 교육의 정체성 변화, 정서적 돌봄의 등장, 인간과 기계의 전례 없는 상호작용에 대한 철학적 물음을 포함하는, 요컨대 미래를 감지하는 지각의 일부로 봐야 한다.

미래 삼각형 활용 방법(표 1-2 참조)

① 현재 느끼고 있는 불안 중 하나를 정한다.
예: "인공지능 교사가 등장하면 내 아이의 교육은 괜찮을까?"
② 종이에 삼각형을 그리고 세 개의 꼭짓점에 적는다.
Pull(미래 지향점) / Push(현재 압력) / Weight(과거 관행)
③ 불안을 세 가지 힘으로 해체한다.
미래 지향점: AI 교사로 학생 맞춤형 학습이 가능할 것이라는 전망
현재 압력: 일선 교사 부족, 교육 격차 심화가 인공지능 교사를 개발하는 이유라는 분석
과거 관행: 정서적 유대가 교육의 본질이라는 관행이 AI 교사의 등장을 불안케 하나?
④ 분해된 요소를 서로 연결해 충돌이나 긴장 또는 기회를 찾아낸다.
예: 'AI 교사는 교육 격차 해소'라는 미래 지향점과 '정서적 유대의 결핍'이라는 과거의 힘이 부딪힐 때 '새로운 돌봄 모델'이라는 가능성을 읽어낼 수 있다. 교육 돌봄 코디네이터, 학습 멘토, 또래관계 촉진자 같은 새로운 전문가 집단이 필요해질 수 있다. 이들은 학습 효율성보다는 정서적 유대, 인간적 성장을 핵심

역할로 삼는다. 즉 기존 교사나 AI 교사로는 다 감당하지 못하는 영역을 메운다.

⑤ 불안을 단순한 감정이 아니라 변화의 신호로 해석한다.
불안이 촉발한 질문을 바탕으로 새로운 대안이나 기회를 상상한다. AI가 지식을 가르치고, 인간 교사가 정서·가치 교육을 강화하는 이중 교사 모델이 나올 수도 있고 '돌봄 전문 직종'의 등장을 통해 교육 생태계가 확장될 수도 있다.

표 1-2 '인공지능 교사 도입에 따른 불안'의 미래 삼각형 적용 사례

미래 삼각형 꼭짓점	주요 내용	활용 사례
① 미래의 힘	바람직하거나 등장할 가능성이 있는 미래의 힘, 대안적 비전, 기술 혁신, 가치 변화	AI 교사로 학생 맞춤형 학습 가능, 교육의 디지털 전환 가속화, 교사의 역할이 코치나 감정 조율자로 전환
② 현재의 힘	현재의 추세, 사회·기술·환경·경제의 압력, 구조적 위기, 정책 변화, 사회운동	일선 교사의 부족, 교육 격차 심화, AI 기술 급성장, 코로나19 이후 원격 교육 수요 증가
③ 과거의 힘	과거로부터 지속되는 관성, 기존 질서의 유지 압력	교사는 인간이어야 한다는 믿음, 면대면 교육의 이상화, 정서적 유대가 교육의 본질이라는 전통

이번에는 변화 감각을 일회성 깨달음이 아니라 지속적인 훈련으로 확장해보자. 불안→변화 감각→변화 인식→변화 대응 강화의 루프를 생활화한다고 생각하면 된다. 이를 위해 '변화 감각

일기'나 '미래 신호 수집 노트'를 꾸준히 작성해볼 수 있다. 예컨대 한 달에 한 번 같은 불안을 다시 살펴보며 내 감정이나 시각이 어떻게 달라졌는지 기록한다. 팀 단위로 '미래 감각 인터뷰'를 진행해 서로의 불안을 나누고, 그 속에서 감각을 확장하는 것도 좋은 방법이다.

변화 감각 일기는 하루 5분, 세 가지 질문에 답하는 방식으로 쓸 수 있다. ① 오늘 나를 조금 불안하게 만든 순간이나 장면, 혹은 뉴스는 무엇인가? ② 그것은 어떤 변화의 신호일 수 있을까? ③ 내 감정이나 해석에서 어제와 달라진 점이 있는가?

미래 신호 수집 노트는 뉴스, 길거리 풍경, 대화 속에서 포착한 작은 단서를 꾸준히 적는 것이다. 언제 어디서 봤는지 출처를 기록하고, 왜 이 사건이 미래의 징후처럼 느껴졌는지 써본다. 나아가 그 단서가 장기적으로 어떤 변화를 이끌 수 있을지 전망한다.

이런 과정을 통해 막연한 감정이 구조적 변화의 신호로 바뀌고, 미래 감각은 훈련으로써 조금씩 날카로워진다. 불안은 나를 위축시키는 감정이 아니라, 다가올 변화를 읽어내는 감각 훈련의 출발점이 될 수 있다.

표 1-3 불안을 미래 신호로 바꿔보는 연습 요약

4단계	질문	감각 변화
불안 인식	무엇이 나를 불안하게 했는가?	감정 자각
신호 탐지	이건 어떤 변화의 징후일까?	감각 민감화
의미 재구성	내가 여기에 어떻게 반응했는가?	의미화
감각 지속화	나는 감각을 어떻게 유지하고 성장시키고 있는가?	일상의 훈련

2장

**지금 사는 것도
바쁜데
언제 미래까지
생각해요?**

현재를 미래에 저당 잡히고 싶지 않다

　나는 지역 정부, 대학, 기업, 시민사회, 미래 전망 워크숍에서 청년들을 자주 만나 미래에 관한 이야기를 나눈다. 내게 미래는 예측하기 까다롭지만, 그만큼 상상이 들어갈 공간이 커서 매우 흥미롭다. 그러나 청년들과 미래 이야기를 하면 "미래를 걱정하느라 지금의 시간을 낭비하고 싶지 않다"는 말을 자주 듣는다. 앞날을 떠올리면 현재 내 삶보다 못할 것 같은데 굳이 미리 걱정해야 하느냐는 것이다.

　이 말에서 나는 미래를 바꿀 수 없다는 그들의 좌절감을 읽는다. 부정적 미래를 바꾸는 것도, 긍정적 미래를 맞이하는 것도 청년들은 상상하기 버거워한다. 사실 내가 내 미래에 영향을 미칠 수 없다고 여기면 미래는 의미 없는 시공간이 된다. 오로지 지금 주어진 조건에서 잘 살아내면 그만이다.

청년들의 부정적 미래 인식은 2021년 내가 국회미래연구원에서 연구 책임을 맡아 수행한 「미래정책의 국민선호 연구」에서도 드러난다(박성원 외, 2021). 우리는 전국의 시민 3000명을 대상으로 세 가지 질문을 던졌다. 첫째, "당신은 우리 사회가 15년 뒤 더 좋아질 것으로 전망하는가?" 미래를 낙관적으로 보는지 묻는 것이었다. 둘째, "당신은 원하는 미래를 실현하기 위해 어떤 형태로든 사회에 참여하는가?" 정부에 탄원서를 보낼 수도 있고, 시민단체에 가입해 활동할 수도 있고, 주말에 친구들과 시위에 참여할 수도 있으며, 정당에 가입할 수도 있다. 셋째, "그래서 당신은 15년 뒤 미래가 원하는 대로 될 것으로 기대하는가?" 이 질문은 미래에 특별히 기대하는 바가 있고, 그게 실현되기를 바라는지 묻는 것이다.

세 질문은 미래에 대한 낙관/비관, 참여/관망, 기대/회피의 감정을 드러내게 한다. 예를 들어 누군가 미래는 지금보다 나아진다고 믿으며, 여러 사회 활동에 참여하고, 그 결과 자신이 원하는 미래가 실현될 것으로 기대한다면, 그는 미래에 대해 낙관, 참여, 기대가 높은 사람이다. 이런 사람은 미래상이 분명하고 실현하려는 가치를 적극 지지하면서 행동으로 옮기는 유형이다. 반면 미래가 지금보다 못할 것으로 전망하고, 미래 실현에 대한 기대도 없으며, 사회적 참여에도 소극적이라면, 이 사람은 미래에 관해 비관, 관망, 회피적 성향을 보이는 것으로 해석할 수 있다. 미래 회의주의자인 셈이다.

조사 결과는 어땠을까. 미래 낙관론, 참여론, 기대론에 모두 공감했던 참여자는 전체 응답자의 27퍼센트(811명)였다. 이를 유형 1이라고 하자. 주목할 점은 유형 1의 연령 분포였다. 20대 6.5퍼센트, 30대 10퍼센트, 40대 21.9퍼센트, 50대 24.5퍼센트, 그리고 60대 이상이 37.1퍼센트로 나타났다(표 2-1 참조). 해석하면, 청년층일수록 미래를 낙관하지 않고, 기대하지 않으며, 사회 참여 의식은 다른 세대에 비해 낮았다.

그렇다면 유형 1과 정반대로 미래를 비관, 관망, 회피하는 참여자의 분포는 어땠을까. 이를 유형 2라고 해보자. 유형 2의 응답자 분포를 연령별로 살펴보면, 20대 24.6퍼센트, 30대 22.4퍼센트, 40대 15.6퍼센트, 50대 14.4퍼센트, 그리고 60대 이상은 23퍼센트였다. 유형 1을 뒤집으면 유형 2가 되는 것을 보여준 셈이다.

미래 낙관, 참여, 기대 유형의 경우 20대와 30대가 16.5퍼센트에 불과했지만, 미래 비관, 관망, 회피 유형은 47퍼센트로 청년 세대가 차지하는 비중이 확연히 높았다. 청년들은 미래를 낙관하지 않으며, 참여를 통한 변화의 가능성을 낮게 보고, 자신들이 원하는 미래가 실현될 가능성도 적다고 생각한다.

우리는 미래 인식의 차이를 설명하는 원인으로 조사 참여자들의 거주지역, 가구 소득 및 거주 형태 등을 살펴봤지만 가장 강력한 원인은 세대였다. 20대와 30대는 유독 미래에 대해 낙관하지 못하고, 기대하지 않으며, 참여를 통해 미래를 만들어가는 데 회의적이다.

표 2-1 미래 인식 유형별 연령 분포

	20~29세	30~39세	40~49세	50~59세	60~69세	계(명수)
유형 1 (낙관, 참여, 기대)	53명 (6.5%)	80명 (10%)	178명 (21.9%)	199명 (24.5%)	301명 (37.1%)	811명 (100%)
유형 2 (비관, 관망, 회피)	157명 (24.6%)	143명 (22.4%)	100명 (15.6%)	92명 (14.4%)	147명 (23.0%)	639명 (100%)

이 연구에 참여한 전준 카이스트 디지털인문사회과학부 교수는 정부 정책에 직간접적으로 참여한 20~30대 청년 21명(전국 10개 지역에 거주)을 만나 비관적 미래 인식의 구조적 이유를 탐색했다. 이를 통해 청년들이 미래를 어떤 감정으로 보고 있는지 살펴보자.

인터뷰에 참여한 이지성씨(이하 모두 가명)는 "미래는 터널이라고 생각해요. 터널에 들어갈 때는 어둡지만 나올 때는 밝잖아요. 그런데 터널을 나와도 계속 어두울 것 같아요. 어떡해요?"라며 미래 불안을 털어놓았다. 터널은 통상 '과도기' '시련의 시기' '어둠을 지나 밝음으로 가는 길'로 해석된다. 이지성씨도 처음에는 터널 끝에 '빛'이 있으리라 기대했을 것이다. 그러나 지금은 시련의 시간이 끝나도 삶은 여전히 어두울 것이라 생각한다. 이는 단기적인 어려움이 아니라 구조적이고 지속적인 미래 불확실성, 나아가 희망의 부재를 드러낸 것이라 볼 수 있다. 특히 마지막에 덧붙인 '어떡해요?'라는 말은 미래 설계의 주체가 되지 못하는 무력한 현실을 반영한다.

이지성씨의 의견은 개인적 불안이 아니라 많은 청년이 공감할 사회적 감정으로 볼 수 있다. '고생 끝에 낙이 온다'는 옛 서사와 달리 지금의 청년들은 생존의 긴장 상태에서 벗어나지 못한다. 이지성씨는 "우리는 왜 터널을 지나고 있는가?"보다 더 근본적인 질문, "터널 밖에 진짜 세상이 존재하긴 할까?"를 제기하고 있다.

청년들이 시도조차 하지 않고 미래를 부정적으로 보는 것은 아니다. 이들은 지금도 자신의 미래를 바꿔보려고 안간힘을 쓴다. 그러나 변화에 대한 이들의 부정적 경험에 주목할 필요가 있다. 김정민씨는 "조세 정책에 참여한 적이 있는데 관료적인 질서에서 변화를 끌어내기 어려웠어요. 세상은 잘 안 바뀌니 저를 바꾸는 게 더 나은 것 아닌가요?"라고 말했다.

김정민씨의 말은 '참여의 무력감'을 드러내는데, 이런 심리 아래 제도적 배제와 상징적 소비의 이중 구조가 관찰된다. 김정민씨가 사회 참여를 통해 미래를 바꾸고자 했던 진정성은 형식적인 참여 절차와 권력의 비대칭성에서 결국 실질적인 전환으로 이어지지 못한 좌절의 경험으로 귀착되었다. "조세 정책에 참여했지만 변화를 끌어내기 어려웠다"는 고백은 김정민씨가 시민으로서 역할을 자각하고 능동적으로 참여했음을 보여준다.

그는 단순한 불평자가 아니라 공적 질서에 적극 참여하려 한 주체였다. 그러나 관료적 질서, 즉 위계적이고 경직된 행정 체계 안에서 자신의 참여가 영향력을 행사하지 못함을 체감했다. 이는 곧 주체의 축소로 이어진다. 청년들의 목소리는 대개 '절차적 정당성'의 재료로만 사용된다. 청년은 상징적 참여자로 머무르며, 구조적 비주체성의 상태에 놓인다. 그 결과 우리 사회의 참여 메커니즘 자체에 불신이 생겨난다.

더 문제가 되는 것은 청년들의 체념이 정치적 무관심이 아니라, 정치적 고립의 결과물이라는 점이다. 이들의 응답에서는 '참여해봤기에 더 이상 참여하지 않는' 회고적 단절의 감정이 느껴진다. 결국 이들은 개인화된 자기 조정의 서사로 축소해나간다.

미래를 압도하는 생존 논리

　인터뷰에 참여한 손민영씨는 "일자리가 서울에밖에 없어서 어떻게든 대출을 엄청나게 받아 수도권에서 집을 사야 해요. 제가 무슨 일을 하는지는 중요하지 않아요. 대출금을 갚을 수 있는 일자리면 됩니다"라고 말했다. 현실의 생존 논리가 정체성마저 압도하는 상황을 극명하게 보여준다. 이는 단순한 주거난이나 일자리 문제를 넘어, 청년의 삶의 방향성과 의미를 제약하는 구조적 불평등의 압축된 단면이다.

　"서울에밖에 일자리가 없다"는 말은 공간적 불균형이 만드는 생존의 외주화를 드러낸다. 생존의 외주화란 국가나 사회가 책임져야 할 기본적인 생존 조건(일자리, 주거, 복지 등)을 개인이 해결하도록 떠넘기는 것을 의미한다. 물론 수도권 중심의 지리적

편중과 경제력의 집중이 그의 생존 가능성을 한정하고 있는 것도 읽힌다. 일자리의 접근성이 곧 삶의 조건을 결정하는 주요 변수가 되며, 자신이 살고 싶은 곳이 아니라 살아남을 수 있는 곳을 선택해야만 하는 구조에 갇혀 있다.

"대출을 엄청나게 받아 수도권에서 집을 사야 해요"라는 말은 생존을 위한 자기부채화를 극명하게 드러낸다. 주거는 사적 책임과 빚의 구조로 그 모순을 드러낸다. 이런 개인의 삶은 점점 더 경제적 생존의 최소 단위로 환원된다.*

이 인터뷰들은 결국 우리 사회가 청년에게 미래를 설계할 도구와 조건을 고르게 제공하고 있는가를 되묻고 있다. 특히 지역에서는 '무無의 압박'을 받고 있다.

---

* 더 나아가 한 지방에 거주하는 김민지씨는 "지방은 일자리도 없지만 미래를 계획할 수도 없어요"라고 답했다. 선배들이 다 떠나서 질문조차 할 수 없는데, 이는 지역에 남은 사람들의 기억과 삶의 경로조차 단절되었다는 사회적 고립감을 드러낸다.

당신이 지금 하는 일은 머잖아 사라진다

　청년들이 직면한 상황을 이해하면서도 나는 '주어진 대로만 살자'는 태도는 현명한 선택지가 아니라고 분명하게 말한다. 관건은 현실 비판에서 현실 전환으로 인식을 바꾸는 것이다.
　미래를 기획할 수 없다고 해서 현재에 머무는 것이 안전할까. 많은 청년이 지금의 무기력에서 변화는 불가능하고, 그러니 현재라도 붙잡자는 심리적 안정을 택한다. 그러나 현재 사회의 구조는 '현재에 머무는 것'조차 허락하지 않는다. 당신이 지금 하고 있는 일, 살고 있는 곳, 익숙한 방식의 삶은 곧 사라지거나 급격히 변화할 것이다. 즉 현실에 적응하는 것이 미래를 설계하는 것보다 훨씬 더 어려운 일이다(표 2-2 참조).

표 2-2 미래를 기획할 때와 그렇지 않을 때 비교

미래를 기획하지 않는다면?	미래를 스스로 기획한다면?
변화는 외부에서 강제됨	변화를 내부에서 주도할 수 있음
현실에 안주해도 곧 어려워짐	현실을 넘어 구조를 점검하게 됨
구조적 불평등에 수동적으로 종속됨	최소한의 선택권과 전략을 회복함
의미 없는 노동에 갇힘	일의 방향과 정체성을 탐색할 수 있음
사회 변화의 객체로 전락	작지만 변화의 주체가 될 수 있음

당신이 스스로 미래를 기획하지 않으면 인공지능 알고리즘, 대기업, 정부가 대신해서 허락도 없이 당신의 미래를 계획할 것이다. 최근 가장 자주 논의되는, 인공지능이 인간의 일을 대신해서 수행할 것이라는 논문·보고서·기사 등에서 나온 주장은 너무 많아 일일이 소개할 필요도 없을 것 같다. 차라리 내 개인적인 이야기를 해보자.

나는 1997년 대학 졸업 후 국내 언론사 기자를 시작으로 사회에 뛰어들었다. 그해는 우리나라가 커다란 외환위기를 맞은 때였다. 수많은 기업이 문을 닫았고, 실업자가 쏟아졌으며, 주식시장은 붕괴하고 있었다. 개인이 아무리 미래를 잘 준비한다고 해도 커다란 외생 변수가 발생하면 이는 무용지물이 된다는 것을 이때 깨달았다. 어쨌든 다행히 나는 그해 끝자락에 서울의 한 신문사에 취직해 꿈의 직업이었던 기자생활을 시작하게 되었다.

　기자증만 있으면 누구든 만날 수 있고, 어디든 취재할 수 있어서 처음 몇 년간은 신나게 사건 현장을 다녔다. 그런데 2000년으로 달력이 바뀌면서 인터넷 세계라는 새로운 시대를 만나게 되었다. 오랫동안 사회에서 독점적 지위를 누린 종이 신문사에 대항하는 온라인 신문사가 등장하고 가상세계에서 새로운 인생을 살거나 돈을 버는 현상이 벌어진 것이다. 심지어 가상 국가도 탄생해 가상 시민, 가상 정부, 가상 기업이 그 세계에서 살아 움직였다.

　물리적 세계에는 기존 질서와 체계, 강자가 존재했지만, 가상의 세계는 새로운 주체, 새로운 질서와 체계를 만들 수 있었다. 이런 세계를 지지하는 새로운 기업이 등장했고, 이런 기업들은 전통적인 회사 이름, 예를 들어 무슨 건설, 화학, 전자, 유통 등을 쓰지 않았다. 대신 구글, 아마존, 싸이월드 같은 알쏭달쏭한 단어를 사용했다.

　이런 흐름에 나도 휩쓸렸다. 시대가 변하는데 내 삶을 거기 맞추지 않고는 버티기 힘들었다. 그래서 다니던 신문사를 그만두고 인터넷으로 공연 티켓을 판매하는 기업으로 이직했다. 그러나 몇 개월 버티지 못하고 언론사로 되돌아왔다. 어렸을 때부터 꿈꾼 직업에 대한 미련 때문에 불안해도 새로운 미래로 들어가기보다 과거의 틀에서 머무는 선택을 한 것이다.

　나는 가끔 그때 되돌아오지 않았다면 내 삶이 어떻게 바뀌었을까를 상상한다. 그때 나와 비슷한 선택을 했던 언론사 동료들의 소식을 듣는데, 지금은 IT 대기업의 최고 임원이 되었거나 정부 요직에 들어가거나 혹은 이들 기업에 투자해 많은 돈을 벌었다. 물론 소식이 끊긴 동료들도 있지만 내 눈에는 새로운 미래로 용감하게 들어간 동료들의 삶이 더 잘 보였다. 시대의 변화를 읽고 기존 질서와 체계를 벗어나 새로운 동료들과 그 세계를 개척한 이들의 삶은 오랜 시간이 지나서야 재조명되었다.

다시 과거의 동굴로 들어온 나는 2007년까지 10년을 언론계에서 보냈다. 그 기간을 견디며 마음 한구석에 새로운 일에 대한 열망을 지피고 있던 나는 또 다른 기회를 맞았다. 2006년 기자로서 인터뷰한 하와이대학의 교수님께 매료되어 그를 따라 하와이로 유학을 떠난 것이다. 그가 대학에서 미래학을 가르친다는 말에 나는 기자직을 떠나 미래학자로서 새로운 직업을 개척하기로 마음먹었다. 아마 2000년 초반, 과거의 내가 변화에 뛰어들지 않고 기존 질서로 회귀한 것에 대한 후회 그리고 그런 변화를 예측하지 못해 준비하지 못했다는 반성, 이런 일을 되풀이하지 않겠다는 마음이 유학을 결심하게 된 이유였을 것이다. 나에게 새로운 미래를 열어줄 미래학자와의 만남은 운명처럼 느껴졌다.

내가 어떤 과정을 거쳐 미래학으로 석사와 박사 학위를 취득하고 한국으로 돌아와 국책연구원과 국회에서 미래학자로 살게 되었는지는 전작 『미래 공부』에 자세히 소개했다. 여기서는 그보다 우리 주제로 돌아와 인공지능이 내 삶에 어떤 영향을 미쳤는지 말하려고 한다.

박사 학위가 있는 연구자들의 주요 업무는 보고서를 쓰는 것이다. 정책연구원에서 일한 나는 정책 보고서를 써야 월급을 받는다. 대통령이 새로 선출되고 새 정부가 들어서면 앞으로 5년의 임기 동안 추진할 국정 과제가 기획된다. 100대 과제 같은 형태로 전 분야에 걸쳐 새롭게 발표되는데, 모든 정부출연 연구 기관은 이 과제 실현에 도움이 되는 연구를 해야 하고, 그에 따라 매년 연말에 보고서를 써서 발간해야 한다. 유용한 내용은 정부 정책이나 국회 입법에 반영되는데, 연구원으로서 정책이나 입법에 도움이 되는 연구를 추진하는 것은 최고의 목표이자 보람이다.

나도 2012년부터 2024년 말까지 12년 동안 정책 보고서를 썼다. 연구원은 통상 1년에 2~3개의 보고서를 쓴다. 자신이 책임을 맡은 연구뿐만 아니라 그 외 연구에도 참여해 1년에 4~5개의 보고서에 이름을 올린다. 10년이면 40~50개 연구에 참여할 수 있는 것이다. 연구원은 보고서로 자기주장을 펴는 사람으로, 보고서는 박사급 연구자의 얼굴이다.

인공지능이 우리 삶을 얼마나 바꾸고 있는지를 논의하는 데 왜 이런 개인적 이야기를 하는지 궁금한 것이다. 내 주장은 이렇다. 보고서를 쓰는 직업은 곧 사라질 것이고, 인공지능이 이 일을 맡을 것이다. 이렇게 말하는 데에는 이유가 있다.

첫째, 연구원의 보고서는 보통 1년 단위로 진행된다. 국책연구원의 예산은 정부처럼 1년 단위로 집행된다. 몇 년씩 진행되는 연구도 있고(특히 과학기술 분야), 3개월이나 6개월 안에 끝내야 하는 것도 있지만 대부분 1년 안에 마쳐야 한다.

대략 10개월이 소요되는 이 기간은 연구원에게 짧다. 앞단을 이루는 연구 문제의 발견은 이전부터 준비된 것이라 해도 그 문제를 풀어갈 방법론의 개발, 국내외 선행 연구의 검토, 관련 전문가들의 의견 취합, 통계 조사와 분석, 중간 평가와 반영, 각종 전문가 인터뷰 등을 10개월 안에 해치우기란 쉽지 않기 때문이다.

이 과정을 인간이 아니라 인공지능이 한다면 어떻게 될까. 며칠 안에 끝낼 수 있다. 인공지능 에이전트를 컴퓨터에서 불러내 '그$_{AI}$'에게 연구 주제와 문제를 설명하고, 국내외 관련 연구를 찾아 비교하도록 하고 자신이 밝혀내야 할 과제를 설명한다. 설문조사가 필요하면 그 설계도 '그'에게 맡기면 된다. 실제 조사는 사람들의 의견이 필요하니 전문 여론조사 기관에 맡기면 되지만 조만간 이런 조사 기관을 활용할 필요도 없어질 것이다. '그'가 여론을 추정해서 결론을 낼 수 있기 때문이다. 지금까지 여론조사 했던 다양한 자료를 바탕으로 '그'를 훈련하면 실제 여론 조사 결과만큼의 신뢰성 있는 자료를 내놓을 수 있다. 여론조사에 들어가는 비용과 시간을 아낄 수 있는 것이다.

여론조사 결과 분석도 '그'에게 맡기면 된다. 분석 내용이 이해되지 않으면 몇 번이고 물어보면 된다. '그'가 친절하게 설명해주고, 관련 이론과 사례도 가져다준다. 연구 내용에 대한 동료 연구자나 전문가들의 평가를 받을 때도 직접 사람을 만날 필요가 없다. '그'에게 경제학 전문가, 사회학 전문가, 정치 전문가 등으로 다양한 페르소나를 만들어 각각의 처지에서 연구 내용을 검토하라고 지시하면 된다. 이 가상의 전문가들끼리 논쟁도 시킬 수 있다. 그렇게 나온 의견을 보고서에 첨부하면 된다.

이런 세상에서 12개월을 보내면서 보고서 한 권을 쓰고 월급을 받는 직업이 있다면 매우 편한 직업이 아닐 수 없다. 그런데 우리 사회는 이런 비효율을 견디지 못할 것이다. 연구 기관이 이런 연구원을 청소라도 시키지 않고 그냥 놔둘 리 없다.

연구자가 조만간 인공지능에게 일자리를 빼앗길 것으로 예상되는 두 번째 이유는 이렇다. 대부분의 연구 결과는 아이러니하게도 결과가 나오는 즉시 구문構文이 된다. 연구한 내용이 급변하는 사회를 따라갈 수 없기 때문이다. 연구 도중에 새로운 사실이 밝혀지기도 하고, 사회가 이전의 문제를 버리고 다른 문제를 중요시해 맹렬히 다룬다면 연구자는 당황하지 않을 수 없다. 누구나 사회적 관심사를 다루고 싶지 않겠는가.

2020년 3월쯤 코로나19가 막 확산될 때 나는 '인공지능과 사회 변화'라는 연구를 추진했다. 인공지능이 사람에 버금가는 지능적인 시대가 도래한다고 가정하고 노동, 놀이, 주거 환경, 정치 제도, 기후변화 등에 어떤 영향을 미칠지 연구하는 과제였다. 지금이야 챗지피티, 퍼플렉시티, 그록 등 다양한 생성형 인공지능이 일상에 깊숙이 파고들어 낯설지 않지만, 5년 전만 해도 이는 꿈같이 들렸을 것이다.

나는 동료들과 함께 인공지능을 개발하는 전문가들을 만나 이들의 연구 동향을 들으면서 사회 변화를 예측하려고 했다. 이 과정에서 국내에 인공지능 분야의 최고 권위자로 알려진 모 대학 교수의 강의를 듣게 되었다. 그는 인공지능을 활용해 연구를 많이 했고, 해외에서 주는 상도 여럿 받은 전문가 중의 전문가였다. 그날 강의에서 그는 자신의 연구를 소개하며 한 가지 단언을 했는데, 그 말이 몹시 불편했다. 그는 인간처럼 대화하는 챗봇이 우후죽순처럼 개발되고 있는데 챗봇은 절대 성공하지 못할 거라고 여러 차례 말했다. 요점은 사람처럼 대화하는 인공지능은 만들어지지 않는다는 것이었다. 그 주장에 나는 의문이 들었다. 물론 거기에는 근거가 있었다. 당시 개발된 챗봇을 모두 살펴보니 이런 결론을 내릴 수밖에 없었다는 것이다.

그러나 그의 말이 기억에서 채 사라지기도 전, 그해 여름 미국 기업 오픈AI에서 생성형 인공지능 챗지피티를 내놓으며 사람처럼 대화하는 기술을 선보였다. 지금 우리가 맞이하고 있는 인공지능 시대의 본격적인 서막이었다. 그 교수는 그 뒤로 공개석상에서 보기 어려웠다. 아마 본인의 단언이 몇 개월 만에 거짓으로 판명되리라고는 상상도 못 했을 것이다. 과학기술 분야의 전문가들이 기술의 변화 속도를 자신의 경험을 바탕으로 넘겨짚지 말아야 하는 이유다

더 아이러니했던 사건은 그해 10월 '인공지능과 사회 변화'라는 과제를 마무리하고 최종 평가를 받을 때 일어났다. 보고서의

객관적인 품질을 유지하기 위해 연구 기관은 연구원의 보고서를 관련 전문가들에게 평가하도록 한다. 블라인드 리뷰여서 연구 책임자는 누가 자신의 연구를 평가하는지 모른다. 그해 가을 챗지피티로 세계가 인공지능의 능력에 놀라고 있을 때, 내 과제를 평가했던 한 전문가는 인공지능이 사람의 지능만큼 향상될 것이라는 연구 보고서의 가정에 대해 혹독한 평가를 내렸다. 연구 보고서를 공상과학처럼 쓰면 안 된다며 최저 점수를 매겼다. 반면 다른 평가자들은 내 연구에 높은 평가 점수를 줘서 나는 간신히 출간 기준을 통과해 발간할 수 있었다. 그러나 그의 평가 내용은 잊히지 않는다. 그는 지금 우리가 맞이하고 있는 인공지능 시대에 어떻게 살고 있을까.

경험상 나는 해당 분야의 전문가일수록 변화에 대처하는 능력이 낮다고 본다. 이들이 보고서를 쓴다면 시대에 맞지 않는 구문을 쓸 가능성이 높다. 물론 보고서를 쓰는 시점에는 맞는 결론일지도 모른다. 그러나 발간하는 몇 개월의 과정에서 그 주장은 이미 시대에 뒤떨어진다. 그렇다면 즉시 내용을 수정하고 연구 방향을 바꿔야 한다. 그러나 이런 시도는 우리나라의 공공 연구 시스템에서는 실행할 수 없다. 틀려도 과제를 애초 가정한 대로 마무리해야 하는 이유는 그래야 행정 감사에 걸리지 않기 때문이다.

내 보고서라고 발간 즉시 구문이 되는 운명을 어떻게 피하겠는가. 그래서 요즘에는 동료 평가도 받지 않고 새로운 사실을 발견하는 즉시 짧은 보고서를 작성해 전 세계 연구자들이 볼 수 있는 아카이브에 올린다. 평가는 나중이고 먼저 발견한 것을 공유하는 것이다. 공공연구 기관에 속한 연구자들은 이런 추세를 따라가기 어렵다. 바로 행정 절차 때문이다. 그러나 분명한 사실은 추세를 따라가지 못하면 도태된다는 것이다.

그래서 나는 연구원을 그만두었다. 정년이 보장됐지만 시대에 뒤처지기 싫었다. 대안이 분명치 않더라도 밖으로 나와 시장에서 좌충우돌하면서 나만의 생존 전략을 만들고 싶었다. 내 지력과 에너지를 과거를 유지하는 데 쓰고 싶지 않았다. 스러져가는 미래를 전망했음에도 오늘 변화를 위한 행동을 결행하지 않는다면 미래학자라고 할 수 있을까.

인공지능 시대는 인간 이상의 지능을 갖춘 지적 존재가 등장하는 시대다. 이런 지적 존재를 모든 인간이 적어도 하나씩 활용하고 있다고 가정해보자. 전 세계 인구는 80억 명이 아니라 160억 명이 되는 것이고, 이 숫자는 기하급수적으로 증가할 것이다. 지적 활동을 하는 존재들이 늘어난다는 것은 그만큼 사회 변화가 빨라진다는 것을 시사한다. 향후 당신이 어떤 상상을 하든 사회는 그 이상의 내용과 속도로 변할 것이다.

박사급 연구자가 한 사회에 수억 명 있다고 상상해보라. 이들이 내놓는 대안을 보고서라는 과거의 틀에 담을 수 있을까. 몇 년씩이나 걸리는 연구를 할 수 있을까. 즉각 대안이 나오고, 즉각 그 대안을 실험할 수 있으며, 즉각 실험의 결과를 확인할 수 있는 시대에 1년에 몇 편 쓰는 보고서 작업이 무슨 의미가 있을까. 바다에 잉크 한 방울 떨어뜨리는 셈이다. 내가 연구원이라는 직업을 유지할 명분도, 사회적 쓸모도 발견하기 어려웠다. 결론은 연구원을 나오는 것이었다.

사람 없는 사무실의 등장

앞서 소개한 내 경험이 사회 전방위적으로 확산된다는 미래 전망을 살펴보자. 미국 노동통계청은 2029년까지 미국에서 사무 및 관리 지원 직종에서 100만 개 이상의 일자리가 사라질 것으로 내다봤다.* 이는 인공지능이 사무직 근로자가 수행하는 일을 대체했거나 대체할 가능성이 있기 때문이다.

이 연구는 흥미롭게도 인공지능이 인간의 일자리를 대체한다는 전망을 넘어 그다음 세계까지 제시하고 있다. 연구자들이 사무직 업무와 인공지능의 교차 영역에 관한 학술 문헌을 대상으로 서지계량분석을 수행한 결과, '인간과 컴퓨터의 상호작용'이

* https://doi.org/10.48550/arXiv.2405.03808

라는 키워드가 빈번하게 등장했고, 두 단어는 높은 연결 강도를 보였다. 이에 덧붙여 지능형 건물, 로보틱스, 사물인터넷 같은 추세가 사무직 업무 영역에서 부상하는 주제였다.

이 연구의 결과는 무엇을 의미하는가? 앞으로 자본은 사무직 근로자나 그들의 직업적 성장에 관심을 두지 않고, 이들이 없어도 사무실이 운영되는 환경, 즉 스마트 빌딩, 로보틱스 같은 기술에 더 많은 관심을 둘 것이다. 일하는 사람의 수를 줄여도 회사가 더 잘 운영되는 구조, 사람이 아닌 다른 지적 존재들, 예를 들면 로봇이 회사를 완벽하게 운영하는 환경이 등장한다는 뜻이다.

사람이 아닌 지적 존재들이 회사를 운영하는 흐름은 단지 자동화의 기술적 진보를 넘어 '인간 없는 기업'이라는 미래의 요체다. 이런 미래가 실현된다고 가정한 사회의 단면을 읽어보자.

처음에는 아무도 눈치채지 못했다. 회계팀 한쪽 책상에 놓인 모니터 속, 작은 챗봇이 한 달 치 결산 보고서를 단 몇 초 만에 완성했을 때도 사람들은 그저 '편리한 도구' 정도로 여겼다. 번역팀, 인사팀, 총무팀에도 비슷한 프로그램이 하나둘 들어왔다. 각 부서에서 종이 더미가 사라지고, 회의록이 실시간으로 자동 작성되며, 채용 공고가 'AI가 선별한 인재 목록'과 함께 뜨는 날들이 이어졌다.

3년 뒤 회사 로비의 안내 데스크가 비워졌다. 대신 천장에 매달린 작은 카메라와 홀로그램이 방문객을 맞았다. "어서 오십

시오. 사전 예약하신 회의실로 안내해드리겠습니다." 부드러운 목소리였지만, 그 뒤에는 더 이상 사람이 없었다. 스마트 빌딩은 사람의 존재를 전제하지 않았다. 엘리베이터는 사원증이 아니라 얼굴 인식과 업무 일정표를 바탕으로 자동 호출됐고, 각 층의 조명과 온도는 '예상 작업 패턴'을 바탕으로 조절됐다. 데이터 서버와 IoT 센서가 빌딩의 심장처럼 뛰었고, AI가 공조 시스템을 미세하게 조율하며 건물 전체의 건강 상태를 실시간 모니터링했다.

5년 뒤 회계·번역·인사 부서의 사무실은 비워졌다. 그 자리는 로봇 관리 시스템과 디지털 트윈 모니터링 룸이 차지했다. 거대한 스크린에는 전 세계 지점의 생산 라인, 물류 흐름, 고객 서비스 대응 현황이 실시간으로 떠 있었다. 모니터 앞에는 단 한 명의 관리자가 앉아 있었지만, 그는 원격지에서 접속한 'AI 관리자'였다.

그 무렵부터 직원 역량 강화 교육은 사라졌다. 자본은 더 이상 사람을 교육하지 않았다. 투자 보고서에는 '인공지능 업그레이드 투자수익률ROI'이 '인적자원 개발 투자수익률'을 완전히 앞질렀다는 그래프가 당연한 듯 실렸다. 주주들은 더 이상 직원 만족도나 사내 복지를 묻지 않았다. 대신 "얼마나 더 적은 사람으로 회사를 돌릴 수 있는가?"가 회의의 핵심 질문이 되었다.

10년 뒤, 본사 빌딩 최상층. 회의실 문이 열리자 의자들이 빙

글빙글 회전하며 자동 정렬되었다. 중앙 스크린에는 세계 각지의 AI 지점장이 차례로 연결됐다. 화면 속에 사람은 없었다. 회의는 매끄럽게 진행됐다. 보고, 분석, 의사결정, 실행의 모든 과정이 인간 없이 돌아갔다.

그리고 마침내 어느 날 회사의 출입 기록부에 '0명'이라는 숫자가 찍혔다. 빌딩에 인간을 위한 불은 꺼져 있지만 서버는 쉬지 않고 데이터를 처리했다. 사무실은 텅 비었지만, 그곳은 여전히 '회사'였다. 다만 더 이상 인간의 숨소리는 들리지 않았다.

이 미래를 맞이할 사람들은 두 가지 선택지를 갖게 될 것이다. 하나는 이 시스템에 적응하는 방식이고, 다른 하나는 새로운 윤리와 기술을 갖춘 대안적 인간성을 개발하는 방식이다. 예를 들어 생존 기술로서 'AI 협업자'가 되는 법을 배워야 한다. 기계와 경쟁하지 말고 기계를 설계하거나 기계와 협력하는 능력을 갖추어야 한다. 데이터 프롬프트 설계나 자동화 프로세스 개선, 사람-AI 간 인터페이스 설계에 관심을 가져야 한다. 더 나아가 '컴퓨터와 말이 통하는 사람'이 되어야 한다. HCI Human-Computer Interaction, UX 설계, 로보틱스와의 감정적 인터페이스 등에 관심을 가져야 한다. 미래 직업의 특성으로 설계자, 조정자, 윤리 번역자가 자주 언급될 것이다.

기술에 의존하지 않는 인간의 고유성을 발굴하는 데에도 관심을 가져야 한다. 인간만이 할 수 있는 것을 재정의하고, 그것을 사회가 인정하는 구조를 만들어야 한다. 예를 들면 돌봄, 공감, 서사, 정체성 설계, 관계 구축 등 기술의 시대에 더 귀해질 인간 중심의 가치를 기획하고 판매할 수 있어야 한다. 시스템 밖에서의 '작은 사회 실험'을 통해 살아남는 법도 있다. 공동체 기반의 소득 시스템, 자급자족 플랫폼의 설계 등에 힌트가 있을 수 있다.

윤리적 기획자가 되려는 노력도 해보자. AI와 기술은 윤리적 판단 없이 움직인다. 청년들이 기술을 어떻게 인간과 사회의 맥락 속에 배치할 것인가를 판단하는 능력이 중요해진다. '윤리적 리더십'은 미래 직업의 가장 희귀한 자산이 될 것이다.

미래 연습
경험의 시간을 압축하는 방법

과거를 돌아보면 내가 원한 대로 흘러오지 않은 것 같다. 다양한 계획을 세웠지만, 그대로 된 것도 별로 없다. 차라리 계획 없이 지냈던 때가 더 좋았다. 그저 현재를 잘 살다보면 우연히 어떤 기회가 생기고 그 기회를 따라가는 것이 결국 내 운명이었다는 생각이 든다. 그래서 사람들은 '현재'가 가장 중요하다고 말한다. 과거는 바꿀 수 없고, 미래는 아직 오지 않았으니 말이다.

그런데 그 현재에 내가 끊임없이 '최선'이라고 결정했던 모든 행동이 시간이 지나면 후회스러운 이유는 무엇일까. 김소월의 시집 『진달래꽃』에 "예전엔 미처 몰랐어요"라는 시구가 있다. 숱한 시행착오를 겪은 지금에야 과거에 이해하지 못한 일이 이해된다는 말이다. 우리는 이렇듯 경험에 묶여 늘 뒤늦게 깨닫는 운명일까. 경험은 시간에 종속되어 있고, 시간이 흐르지 않으면 경험하지 못한다는 말은 사실인가. 경험의 시간을 압축할 수는 없는가.

경험의 시간을 압축하는 방법은 인간만이 할 수 있는 일이다. 시간을 과거와 현재 그리고 미래로 나누고 그에 따라 자신의 삶을 전망하고 그 전망에 따라 오늘의 행동을 결정하며 실행하는 동물은 인간밖에 없다. 이렇듯 시간을 세분하고 특히 미래라는 미지의 시간을 상정한 이유는 경험의 시간을 압축하기 위해서다. 더 나은 결정을 위해 다양한 미래를 상상하는 작업은 경험의 시간을 압축하는 것이며, '미처 생각하지 못했다'는 후회를 줄이는 방법이다.

미래 연습의 사례로 경험의 시간을 압축해보자. 이 연습은 과거의 후회를 되짚고, 현재의 선택을 재해석하며, 다양한 미래를 상상함으로써 '경험의 시간'을 압축하는 것이 목표다.

미래 연습: 경험의 시간을 압축하는 방법

소요 시간: 2시간
목적: '미래 상상'을 통해 후회의 경험을 재구성하고, 다양한 가능성을 사전에 탐색함으로써 더 나은 선택을 가능케 한다.
핵심 질문: "미래를 상상하면 우리는 '미처 몰랐던 나'에 관해 덜

후회할 수 있을까?"

프로그램 구성

1부 후회의 재구성: 나의 결정, 나의 경험(30분)

■ 활동: 후회 다이어리

참가자들에게 "후회스러운 결정 하나"를 회고해보도록 한다. 그때의 상황, 정보, 감정, 환경을 간단한 스토리보드로 정리한다.

질문 카드: 그때는 왜 그 선택이 '최선'이라고 생각했는가? 어떤 정보가 부족했는가? 지금 돌아보면 무엇이 보이는가?

⇨ 핵심 통찰: 인간은 늘 최선을 선택했지만, 정보와 시야가 제한되어 있었음을 자각.

표 2-3 나의 과거 선택 기준 돌아보기

질문	내 생각
내가 내렸던 중요한 결정은 무엇인가?	예: 대학 선택, 이직, 연애, 유학 포기 등
그 당시 가장 중요하게 생각했던 것은 무엇인가?	예: 부모의 기대, 안정된 직업, 돈, 자존심, 타인의 평가 등
그 기준은 지금 생각해도 괜찮은가, 아니면 후회되는가?	☐ 괜찮다 ☐ 조금 아쉽다 ☐ 많이 후회된다
왜 그렇게 생각하는가?	지금의 내가 새롭게 알게 된 것은?

2부 시간의 압축: 가상 경험 실험(45분)

■ 활동: 미래 시뮬레이션 시트

참가자들에게 '현재 고민 중인 중요한 선택'을 떠올리게 한다 (예: 진로, 관계, 지역 이동 등). 이 선택이 낳을 수 있는 세 가지 미래를 상상하게 한다.

- 미래 A: 계획대로 될 경우
- 미래 B: 예상치 못한 전개가 이뤄질 경우
- 미래 C: 아예 다른 선택을 했을 경우

각 미래에서 자신의 감정, 관계, 삶의 형태, 후회 여부 등을 구체적으로 묘사하게 한다.

⇨ 핵심 통찰: 다양한 시나리오를 통해 '경험을 사전에 해보는 힘'을 훈련.

표 2-4 앞으로 내가 중요하게 여길 선택 기준 정하기

질문	내 생각
내가 앞으로 가장 중요하게 생각하고 싶은 가치는 무엇인가?(최대 3개)	예: 성장, 의미, 자유, 안정, 인간관계, 창의성
내가 피하고 싶은 기준은 무엇인가?	예: 타인의 기대, 불안으로 인한 회피, 즉흥적인 결정
이런 기준으로 선택하면 어떤 미래가 펼쳐질까?	예: 의미를 우선시하면 소득은 줄지만 만족감이 높을 수 있다 등

3부 되돌아보기와 리프레이밍reframing(30분)

■ 활동: 다시 쓰는 선택지

앞서 느꼈던 후회와 미래 시뮬레이션을 연결해본다. 내가 과거에 몰랐던 것, 그리고 지금 '미래를 시뮬레이션함으로써 알게 된 것'을 비교한다. 새로운 선택 기준을 정리하고, 그것을 현재의 결정에 어떻게 반영할 수 있는지에 대해 논의한다.

⇨ 핵심 통찰: 미래 상상은 회피가 아니라 선제적 통찰이며, 경험의 압축은 선택의 질을 높이는 방법이 된다는 것을 이해.

표 2-5 나의 선택 기준이 어떻게 달라졌는지 확인하기

질문	내 생각
나는 예전보다 어떤 기준에서 자유로워졌는가?	예: 학벌, 명예, 불안, 비교 등
나는 앞으로 어떤 기준을 더 깊이 고민해보고 싶은가?	예: 나다움, 책임감, 공동체 기여 등

마무리 질문(토론)

"우리는 경험 없이도 지혜로울 수 있는가?"

"시간을 압축한다는 것은 어떤 감각인가?"

"미래는 후회를 줄이기 위한 시뮬레이션인가, 새로운 삶을 상상하기 위한 도전인가?"

3장

미래는 확실한 게 없잖아요?

'역사의 종말' 이후 후쿠야마의 반성

1989년 독일의 베를린 장벽이 무너지고 1991년 소련이 붕괴한 직후, 미국의 정치학자 프랜시스 후쿠야마는 그를 세상에 알린 역작 『역사의 종말과 최후의 인간』을 통해 인간의 역사에서 최종 승자는 자유민주주의라고 선언했다. 그는 헤겔과 마르크스로부터 역사의 방향성 개념을 빌려와 인류 역사는 자유민주주의와 시장경제의 조합으로 수렴된다고 주장했다.

출간 직후 다양한 반론이 있었지만 당시 세계화, 신자유주의, 민주화라는 단어가 시대정신처럼 받아들여져 자유민주주의는 자연스럽고 피할 수 없는 방향으로 간주됐다. 후쿠야마는 자유민주주의보다 더 나은 사회 조직 형태는 없다고 주장했다. 그는 심지어 미국의 어느 학술재단에서 한 강연에서 청중을 대상으로 미래에 자유민주주의를 대체할 어떤 정치·경제 시스템도 등장하지 않는 것에 내기를 걸겠다고 말하기도 했다.

하지만 시간이 흐르면서 후쿠야마는 자신이 간과한 것들과 지나치게 단순화했던 변수들을 차례로 마주하게 된다. 특히 2000년대 중반부터 관측된 민주주의의 후퇴가 그렇다. 2008년 세계 금융위기 이후 많은 민주주의 국가는 제도적 신뢰를 잃었고, 중국 같은 권위주의적 리더십에 대한 선호가 증가했다. 러시아는 푸틴 집권 이후 사실상 권위주의 체제로 회귀하며, 선거는 유지되었지만 민주주의의 내용은 상실되었다. 터키는 에르도안 정권이 언론의 자유와 사법부의 독립을 체계적으로 약화시켰고, 2016년 쿠데타 시도 이후 수백 개 언론사가 폐쇄되고 수십 명의 언론인이 체포되는 등 언론 탄압이 심화됐다. 유럽연합 소속의 헝가리와 폴란드는 권력 집중과 사법 장악을 통해 민주적 견제장치를 약화시키는 등 '민주주의 후퇴' 현상을 겪고 있다. 자유민주주의는 더 이상 진보의 동의어가 아니었다.

도널드 트럼프의 당선과 포퓰리즘의 부상도 그의 주장에 의문을 제기하게 만든 사건이었다. 후쿠야마가 미국 유권자들이 트럼프 같은 선동가를 지지할 줄은 상상도 못 했다고 어느 매체와의 인터뷰에서 털어놓았듯,* 그는 미국이 자유주의적 가치의 보루라는 믿음을 가졌지만 현실은 달랐다.

* https://iai.tv/articles/francis-fukuyama-warns-trump-is-not-a-realist-auid-3128

인간 존엄에 대한 자유주의의 무관심도 그의 신념을 바꾼 요인이었다. 그는 자유주의가 인간의 물질적 욕구에는 충실했으나, 존엄성과 소속감, 인정 욕구에는 무심했다고 비판했다. 이는 인종·젠더·문화 갈등을 키우고, 극단주의에 정당성을 부여하는 데 일조했다. 그는 특히 인정 욕구를 채우지 못하면 인간은 분노하며, 사회적 약자에게 그 분노가 향한다고 보았다. 이런 대중의 욕망을 포퓰리즘 정치인들이 채우는데, 다만 정치인들은 문제를 해결하지 않고 소수·약자에 대한 혐오나 차별로 대중의 분노를 누그러뜨리려 했다. 이는 곧 자유주의 자체에 대한 회의로 이어졌다.

후쿠야마는 자신의 초기 주장을 폐기하지 않았다. 그는 여전히 자유민주주의를 가장 설득력 있는 사회 모델로 본다. 다만 훨씬 더 조심스럽고, 복잡성을 인정하며, 역사의 개방성을 수용하는 쪽으로 자신의 시각을 바꾸었다(후쿠야마, 2023). 그의 반성과 사고의 전환은 확실한 미래란 없다는 것을 재확인하게 해준다. 당시 그렇게 보였던 미래가 있었을 뿐 사실 매 순간 우리가 전망하는 미래는 계속 변화한다.

미래를 확신하는 순간 인간은 자가당착에 빠진다. 후쿠야마는 초기의 확신으로 전 세계 담론을 선도했지만, 그 확신은 복잡한 현실을 누락시키는 맹점으로 작용했다. 그는 민주주의의 후퇴 가능성뿐 아니라 자유주의가 지닌 내적 한계도 인정했다. 그 중 하나는 신자유주의적 왜곡이었다. 자유민주주의가 시장경제와 결합하는 과정에서 공동체적 연대보다는 경쟁과 효율만을 강조하게 되었고, 그 결과 심화된 불평등과 사회적 양극화가 제도적 신뢰를 갉아먹었다. 또 다른 하나는 자유주의 내부의 문화적 공허였다. 개인의 자유를 최상의 가치로 두는 과정에서 사회적 의미와 소속감이 약해지고, 인간적 연대는 충분히 채워지지 못했다. 이러한 취약성은 1990년대에도 드러나고 있었지만, 당시의 그는, 그리고 세계는 그런 징조와 사실들을 간과하거나 무시했을 뿐이다.

당연한 말이지만 변화는 예외가 아니라 상수다. 미래에 관한 그 어떤 확실성도 시대를 비추는 통찰이 아니라 위험 신호로 봐야 한다.

미래를 예측하거나 설계하는 일에서 적절한 태도는 불확실성을 본질로 받아들이는 것, 그리고 지금 믿고 있는 신념조차 언젠가는 수정할 가능성을 열어두는 것이다. 다시 한번 강조하는데, 열어두는 태도가 가장 중요하다. 미래를 더 잘 예측하려면 '확실한 미래'를 알려는 욕구를 멈춰야 한다.

확실한 미래가 있다는 주장이 가장 위험한 이유는 미래를 소수의 전문가에게 맡기려는 태도를 강화한다는 점 때문이다. '절대 변하지 않는 것들에 대한 23가지 이야기'라는 부제가 달린 『불변의 법칙』을 쓴 모건 하우절은 인간에게 미래의 불확실성을 제거하려는 본능이 있다고 주장한다. 이 때문에 수많은 전문가에게 미래의 정치와 경제를 묻고 있지만, 그는 이 전문가들의 예측 실력이 형편없다고 평가한다. 그렇지만 앞으로도 사람들은 전문가들에게 계속 미래를 물을 것이라고 단언한다. 이유는 이 세상을 예측 가능하고 통제할 수 있는 곳으로 믿고 싶어하기 때문이며, 그 욕구를 채우는 데는 전문가들이 필요하다.

후쿠야마가 1992년 펴낸 책의 제목이 '역사의 종말'이라는 단언적 표현이 아니라 '역사는 종말될까?'라는 개방형으로 지어졌다면 세상이 그 책에 그토록 열광적으로 주목했을까? 흥미롭게도 이 책의 시작이며 미국의 중도우파 저널인 『내셔널 인터레스트』에 실렸던 그의 1989년 논문의 제목은 「역사의 종말?The end of History?」이었다.* 뒤에 물음표를 붙여 열린 결말을 암시한 것이다. 그러나 3년 뒤 출간된 책 제목은 마치 미래를 확실하게 비추는 것처럼 마침표를 붙였다. 책의 편집자라면 물론 마침표 결론을 선호했을 것이다. 누가 제목을 붙였는지 알 수 없지만, 미래를 단언하는 책 제목이 세상의 주목을 받는다는 점은 확인할 수 있다. 세상은 불확실한 것을 꺼린다.

하우절은 사람들이 불확실성을 제거하고 싶어 전문가들에게 의존한다고 했지만, 그의 주장을 뒤집으면 흥미로운 가설을 제기할 수 있다. 만약 우리가 미래를 불확실한 시간과 공간으로 받아들인다면, 더 나아가 미래가 불확실하기에 우리가 미래를 전망하고 바꿀 자유가 있다는 사실을 인식한다면, 우리는 더 이상

---

* Fukuyama, F. (1989). The End of History? *The National Interest*, 16, 3-18. http://www.jstor.org/stable/24027184

미래 예측에 젬병인 전문가들에게 미래를 의존할 필요가 없지 않을까.

우치다 다쓰루의 '생산적 불확실성'

　우치다 다쓰루는 일본의 철학자이자 사상가, 무도인(무술인)으로 잘 알려져 있다. 1950년생으로 고베여학원대학 명예교수이며, 프랑스 현대 철학과 동아시아 사상을 접목해 일본 사회와 교육, 정치, 문화를 비판적으로 성찰한 독특한 지식인이다. 그는 특히 레비나스, 라캉, 들뢰즈의 사상을 일본에 소개하고 해석하는 데 기여했다. 그가 아이키도合氣道(합기도)의 고단자로 육체적 수련과 철학적 사유를 연결하는 독특한 접근을 보여주는 것도 관심을 끈다.

　그의 대표작으로는 『하류지향下流志向』을 들 수 있는데, 청년 세대의 의욕 상실과 교육 실패에 대한 통찰을 엿볼 수 있다. 책 제목인 하류를 지향한다에서 '하류'란 사회적 하층이나 실패를 은유한다. 이 책은 일본의 젊은 세대가 왜 학습이나 노력, 성취를 포기하고 '스스로 몰락'의 길을 택하는가에 대한 철학적, 사회적 진단을 제시한다.

일본의 청년들은 왜 점점 더 학습을 포기할까? 예전에는 '노력하면 보상받는다'는 인식이 있었지만, 지금은 '해봤자 소용없다'는 냉소와 체념이 팽배하다. 학생들이 공부를 거부하는 이유는 단지 게을러서가 아니라, 노력했는데 실패할까봐 아예 도전하지 않겠다는 심리라고 저자는 지적한다. 이렇게 청년들이 도전하지 않는 이유로 그는 자기책임론의 폭력성을 제시한다. 현대사회는 '모든 것이 자기 책임'이라고 말하는데, 이건 사실상 사회구조나 환경의 불평등을 무시하는 폭력적 언어다. 우치다는 자기책임론이 젊은 세대에게 '성공하지 못하면 네 잘못'이라는 강박을 주며, 차라리 실패자를 자처하게 만든다고 보았다.

일본의 일부 청년들은 경쟁이나 책임이 두려워서 의도적으로 하류로 내려가는 선택을 한다. 회사에서 정규직을 포기하고 프리터(시간제 아르바이트로 생계를 유지)를 선택하는 것이 그 예다. 사회적 성공보다는 패배자의 안온함을 택한다. 하지만 이건 자발적인 선택이 아니라 성공이 너무 무겁고 위협적인 것으로 느껴지기 때문이라는 점에서 비극적이다.

성공하려면 끊임없이 학습해야 하는데, 학습은 '의존'과 '신뢰'가 있어야 가능하다는 것이 우치다의 주장이다. 아이가 배우기 위해서는 타자에 대한 신뢰, 즉 배워도 된다는 감각이 필요하다. 그러나 현대사회는 부모도 교사도 학생에게 조건 없는 의존을 허용하지 않는다. 대신 이들은 아이들에게 "너는 네 몫을 해야 한다" "혼자서 해내야 한다"는 태도를 요구한다. 이런 시각이 학생들을 고립시키고, 학습 자체를 위협한다는 것이다. 그래서 우치다는 교육이란 성숙한 타자에게 의존해도 되는 공간이라고 주장한다.

교육의 전제는 '수치심이 없는 배움'인데, 배움이란 모르는 걸 인정하고 부끄러워하지 않는 데서 시작된다. 그런데 지금은 '모르면 바보'라는 문화가 지배적이라 학생들이 질문이나 새로운 시도를 꺼린다. 부끄러움 없이 배우는 것이 가능한 사회, 그게 곧 건강한 공동체다. 이런 주장을 통해 우치다는 '왜 일본의 젊은 세대는 더 이상 미래를 믿지 않는가? 교육은 성취가 아니라 함께 있어도 괜찮은 장소여야 하지 않는가? 우리가 너무 경쟁과 자율만 강조하다가, 의존과 신뢰를 잃어버린 건 아닌가?'라는 묵직한 문제를 제기한다.

이는 한국 사회에도 생각할 거리를 준다. 예컨대 '노력하면 보상받는다'는 신화가 무너진 청년 세대의 허무감, 공정성 담론에 가려진 사회구조적 불평등, 학습 포기자의 증가, 교사와 학생 간의 단절, 관계 기반 공동체의 해체와 '혼자 살아야 한다'는 강박은 우리 사회에서도 문제가 된 지 오래다.

나는 책으로만 접했던 우치다 선생을 직접 만나볼 기회가 있었다. 2025년 5월 그가 방한해 강연회를 가졌고, 거기서 그의 사상을 좀더 깊게 들어볼 수 있었다. 강연에서 가장 인상 깊었던 말은 '생산적 불확실성'이었다. 이걸 풀어서 설명한다면, 미래는 불확실하기에 오히려 호기심이 생기고 그래서 다른 가능성에 비로소 눈뜬다는 것이다. 맞는 말이다. 호기심은 자신이 틀렸음에도 실망하지 않고 '이것 봐라!' 하면서 자신이 왜 틀렸는지를 기꺼이 찾아내려는 마음이다. 즉 자신이 틀린 것을 계기로 새로운 배움의 세계로 기꺼이 들어가려는 용기다. 불확실성 자체를 수용하면 얻을 게 많아진다는 주장이다.

우치다 선생의 다음과 같은 말은 특히 새길 만했다. 그는 미래가 불안하고 두려운 이유는 사회의 지배적 이데올로기를 마주했기 때문이라고 했다. 지배적 이데올로기란 달리 말하면 '닫힌 현재'이며, 바꿀 수 없는 상태다. 현재를 바꿀 수 없으면 미래도 변하지 않는다. 같은 문제가 반복해서 나타나는 지루한 현재가 지속된다. 분명히 여러 문제가 그 이데올로기 때문에 발생하지만, 사람들은 감히 바꾸려들지 않는다. 그걸 문제라고 말하는 것조차 두렵고 힘들다. 그러는 순간 다수의 사람에게 모욕적인 말을 듣거나 차별당하기 때문이다.

그런데 이렇듯 미래가 불안하고 두려운 가운데 미미하지만 작은 떨림을 느끼는 순간이 온다. 그 떨림은 내가 뛰어들어 바꿔보겠다고 결심할 때 생긴다. 거대한 지배적 이데올로기에 균열을 내보겠다고 마음먹는 순간, 미래는 두려움에서 떨림으로 바뀐다. 많은 사회적 선각자도 미래를 불안하고 두려운 마음으로

봤지만, 다양한 가능성을 열린 마음으로 전망하면서, 작은 떨림을 감지하고 변화를 일으켜보겠다고 결심했다.

이 떨림의 순간을 맞이하는 일은 혼자서 하기 어렵다. 자신의 문제의식에 공감하는 사람들을 찾아야 한다. 이들은 당대의 시각으로 보면 '별종'일 가능성이 높다. 별종이니까 사회의 지배적 이데올로기를 과감하게 드러내고 이를 바꿔보려고 생각했을 것 아닌가. 별종을 만나는 순간 떨림이 온다.

우치다 선생이 제기한 생산적 불확실성은 미래가 불확실하니까 여러 시도를 해볼 수 있고, 이 과정에서 호기심을 키워 새로운 가능성을 탐색할 기회로 작용한다. 미래가 불안하게 느껴지는 마음의 근원을 캐고 들어가 그런 감정을 일으키는 통념을 정면으로 마주하고 이를 극복할 대안을 모색할 별종의 친구들을 찾아야 한다. 이 과정에서 미래의 불확실성은 호기심으로 바뀌고, 호기심은 사회구조의 모순을 폭로하도록 부추기며, 구조의 모순을 극복할 대안을 발견함으로써 미래는 떨림 에너지를 활용할 시간과 공간으로 바뀐다.

미래 연습
불확실성을 호기심과 떨림 에너지로 바꾸는 연습

1. 준비 단계

재료: 노트/포스트잇, 펜, 타이머, 조용히 집중할 공간

시간: 총 90~120분(혼자 할 때 기준)

마음가짐:

- 불확실성은 두려움의 원천이 아니라 아직 닫히지 않은 가능성임을 기억한다.
- 불확실성을 불안으로 보지 않고 새로운 탐험의 여지로 바라본다.
- 이 열린 태도가 호기심을 키우고, 호기심이 새로운 미래를 끌어낸다.

2. 세부 주제 구성

주제 1. 불확실성과 마주하기(20분)

질문: 내가 미래를 불확실하게 느끼는 이유는 무엇인가?

활동:

- 5분 동안 자유롭게 적는다. (예: 경쟁 압박, 실패 두려움, 경제 상황 등)
- 적은 내용을 한 문장으로 요약한다. (예: "나는 안정된 경로를 벗어날까 두렵다")
- 그것이 사실 정해지지 않은 상태라는 점을 강조해 다시 써본다. 예를 들어 "나는 안정된 경로를 벗어날까 두렵다."→"내 앞에는 아직 여러 경로가 열려 있다."

주제 2. 별종의 친구 찾기(15분)

질문: 내가 속한 사회의 통념을 정면으로 거스르며 자기 길을 걷는 사람은 누구인가? 그 사람은 어떤 방식으로 불확실성을 견디거나 기회로 삼았는가? 내가 그 사람을 만난다면 어떤 대화를 나눌 것 같은가?

활동:

- 주변 탐색: 나와 가까운 사람(친구, 동료, 가족, 선후배) 중에서 남들과 다른 길을 걷는 사람을 떠올린다. 예를 들면 안정된 직장을 포기하고 좋아하는 일을 시작한 친구, 해외로 떠난 동료,

새로운 공부를 시작한 부모님 등.
- 특징 기록: 그 사람이 보여준 선택이나 태도를 한 문장으로 적는다. 예를 들면, "그 친구는 남들이 말리는 걸 무릅쓰고 창업을 시작했다."
- 가상 대화 설정: 그 사람을 '가상 멘토'로 삼아 지금 내가 가진 불확실성에 대해 물어본다. "내가 두려워하는 이 상황을 그 사람은 어떻게 바라볼까?"
- 주변 사례 찾기: 직장을 그만두고 작은 카페를 연 친구. 그는 '안정된 직장이 성공'이라는 통념을 거스르고 불확실한 길을 택했지만, 그 과정에서 자신이 원하는 삶의 속도를 찾았다. 이를 통해 우리 곁의 작은 실험자들이 불확실성을 가능성으로 바꾸는 법을 이미 보여주고 있다는 메시지를 확인한다.

주제 3. 불확실성을 호기심으로 바꾸기 (20분)

질문: "이 불확실성 안에서 내가 탐험할 새로운 가능성은 무엇인가?

활동:
- 불확실성을 질문으로 바꿔보기. 예를 들어 "앞으로 어떤 일이 일어날지 몰라서 두렵다"→"앞으로 어떤 일이 일어날 수 있을까?"
- 질문을 작은 실험으로 연결하기. 질문을 바탕으로 내가 당장 해볼 수 있는 작은 실험 세 가지를 적는다. 예를 들어 "내가 모

르는 직업으로 어떤 게 있을까?"→(1) 다른 직업 종사자 10분 인터뷰 (2) 관련 동영상 찾아 듣기 (3) 하루 동안 그 직업의 일기 쓰기.
- 실험을 '놀이'처럼 상상해보기. 적은 실험 중 하나를 선택해 놀이처럼 즐기는 장면을 마음속으로 그려본다. 새로운 분야의 책 읽기 실험이라면, 카페에서 좋아하는 음료를 마시며 모르는 단어를 발견할 때마다 탐험가 노트에 기록하는 식으로 상상한다. 피카소는 새로운 그림 기법을 시도할 때 놀이터처럼 접근했다. 종이에 낙서하듯 자유롭게 그려보며 새로운 스타일을 발견했다.

주제 4. 구조의 모순 드러내기(20분)

질문: 불확실성을 불안으로 바꾸는 사회 통념이나 구조는 무엇인가?

활동:
- 불확실성 뒤에 숨어 있는 제도, 관습, 문화적 요소를 적는다.
- '만약 그 모순이 사라진다면 어떤 세상이 열릴까?' 상상해본다.
- 현재와 상상을 비교한다. 예: 20세기 초 여성에게 '과학은 남성의 영역'이라는 사회적 통념이 있었다. 이 통념이 여성에게 과학의 영역으로 진출하는 데 불안 요소로 작용했지만, 수많은 여성 과학자가 그 불안의 틀을 깨며 혁신적인 성과를 올렸다.

주제 5. 떨림 에너지 활용하기(20분)

떨림이란 불확실한 상황에서 느끼는 두려움과 기대가 동시에 교차되는 감각이다. 불안만이 아니라, 새로운 가능성이 열릴 때 몸이 먼저 반응하는 신호다. 변화의 시작은 언제나 작은 떨림에서 비롯된다. 이 떨림을 놓치면, 가능성은 금세 사라져버린다. 반대로, 떨림을 붙잡으면 그것이 작은 용기를 불러일으키고 실천의 출발점이 된다.

■ 내 안의 떨림 감지하기(5분)

활동: 최근 나에게 가슴 두근거렸던 순간을 떠올린다. 두려움과 기대가 동시에 섞였던 상황, '안전한 길을 벗어나볼까?'라는 생각이 스친 순간을 짧게 기록한다. "나는 설레면서도 겁이 났다." "긴장됐지만 몸이 앞으로 당겨졌다."

■ 떨림을 언어로 붙잡기(5분)

활동: 떠올린 순간을 한 문장으로 정리한다. 예: "새로운 프로젝트 제안서를 내볼까 했을 때 두근거렸다." 이 문장을 '떨림 메모'로 적어둔다. 메모는 감정의 흔적이자, 내가 변화할 수 있는 출발점임을 기억한다.

■ 떨림을 작은 실천으로 전환하기(10분)

활동: 떨림 메모에서 파생된 실천 아이디어를 2~3개 적는다. "아이디어에 대해 동료와 짧게 이야기해본다." "관련 책을 오늘 밤 첫 10쪽만 읽어본다." "실험 버전으로 작은 시도를 해본다." 이

중에서 가장 작고 구체적인 한 걸음을 고른다. '내일 점심 시간에 동료에게 5분만 얘기해본다'는 식으로 실행 시점을 명확히 정한다.

떨림은 두려움이 아니라 가능성의 문턱이다. 마음속 작은 떨림을 감지하고, 그 순간을 기록해야 한다. 떨림을 붙잡아 작은 실천으로 옮기는 것이 변화의 첫걸음이다.

마무리(10분)

질문: 오늘 불확실성에 대해 새롭게 이해한 점은? 내가 느끼는 불안이 어떻게 호기심으로 바뀌었는가? 오늘 찾은 가상의 멘토가 내일의 행동을 어떻게 응원해줄까?

3. 기대 효과

- 불확실성 ⇨ 호기심: 불확실성을 회피하는 대신 탐험의 기회로 인식한다.
- 개인적 통찰: 불확실성이 불안을 낳는 것이 아니라 가능성을 여는 창임을 깨닫는다.
- 대안 탐색: 작은 실험을 통해 새로운 가능성을 직접 체험한다.
- 떨림 에너지 전환: 두근거림을 새로운 도전의 연료로 활용한다.

4장

미래를 정확하게
예측할 수 있나요?

2019년에 예고된 팬데믹

2019년 여름, 태국의 방콕은 숨막힐 듯 무더웠다. 거기에서 열린 제4회 아시아 태평양 미래 네트워크APFN 회의장은 세계 곳곳에서 모인 미래학자들의 열기로 가득했다. 나는 APFN 창립자 중 한 명으로 동료들과 함께 해마다 개최국을 정해 아시아와 태평양 지역의 미래학자들을 모아 시대적 변화와 대안을 모색한다.

그해 회의에서 우리가 공통으로 발견한 키워드는 급변, 위험, 불평등이었다. 세계가 더 빠르게 변하고, 더 위험해지며, 더 불평등해지고 있다는 사실은 누구도 부정할 수 없는 진단처럼 보였다. 특히 잊히지 않는 장면이 있다. 회의장 단상에 오른 유엔 식량농업기구의 미래학자 피터 블랙은 매우 우려하는 목소리로 인구 증가, 여행의 확산, 기후변화, 토지 사용의 전환, 생물다양성 감소, 환경오염과 소비 확대, 이 모든 조건이 서로 맞물리며 인류는 곧 새로운 인수공통감염병의 창궐을 맞을 것이라고 말했다.

나는 그때 처음으로 인수공통감염병zoonotic diseases이란 단어를 알게 되었다. 경고를 듣는 순간 그의 눈빛을 바라봤다. 담담하지만 단호했고 한편 불안해 보이기도 했다. 팬데믹은 미래학계에서 자주 거론되는 위기의 징후였지만 그것을 곧 닥칠 사건으로 언급하기엔 매우 조심스러웠을 것이다. 나도 그랬지만 회의장에 있던 대부분의 미래학자는 그의 경고를 '언젠가 벌어질 가능성' 정도로 이해했다. 어쨌든 그의 말을 메모했고, 그해 9월 내가 속한 국회미래연구원의 칼럼에서 그의 경고를 언급했다.* 또한 언론매체에도 '인수공통감염병 창궐'에 대비해야 한다는 내용의 칼럼을 게재했다.** 마음 한구석에서 불안감을 떨칠 수 없었기 때문이다.

몇 달 뒤인 2020년 초, 뉴스에서 어디선가 들어본 단어가 흘러나왔다. 인수공통감염병의 원인 코로나바이러스. 뒤이어 터져 나온 중국 우한의 집단 감염, 도시 봉쇄, 병원 복도에 쓰러진 환자들의 영상은 충격적이었다. 그때 내 머릿속에 떠오른 것은 피터 블랙의 경고였다. "여행의 확산, 인구 증가, 기후변화가 맞물려 새로운 감염병이 발생할 것이다."

---

* 박성원. (2019년9월19일). 「[미래생각] 위험, 급변, 불평등 시대에 대응하는 방법」 국회미래연구원.
** https://news.nate.com/view/20190920n17308?mid=n0000

2020년 코로나19가 터질 것을 정확히 알 수는 없었지만, 이 사건은 이미 몇 달 전 내 귀에 들어와 있었다. 경고를 들었기에 곧장 내가 해야 할 일에 뛰어들 수 있었다. 동료 학자들과 함께 긴급 집필에 착수해 코로나19 관련해서는 국내에서 가장 먼저 나온 책인 『코로나19, 동향과 전망』을 발간했다. 『동향과 전망』이라는 저널을 펴내는 학자 9명이 모여 코로나19와 한국형 대응 모델, 코로나19와 한국 경제, 그리고 코로나19와 미래 사회를 주제로 각자 글을 쓰고, 모여서 대담도 나눠 내용을 구성했다.

책이 나온 시점이 2020년 4월이었으니, 우리는 이미 코로나19 초기에 모여 미래 전망까지 마친 셈이었다. 이 책을 기획한 이일영 한신대 교수는 "코로나19도 역사 투쟁의 과정이며 역사가 만들어지는 과정에 각자가 뛰어들어 무엇이라도 도움 되는 지식을 창출해야 한다"고 했다. 이처럼 위기의 한복판에서 재바르게 연구를 시작할 수 있었던 이유는 분명했다. 2019년 여름의 경고가 내 안에 뿌리내려 있었기 때문이다.

집필 과정에서 나와 동료 김유빈 박사는 과거 팬데믹을 다시 꺼내보았다. 2003년 사스, 2009년 신종플루H1N1, 2015년 메르스. 각기 다른 양상을 띠었지만, 공통된 패턴이 있었다. 사스는 초기 은폐와 늑장 대응의 위험을 보여주었다. 신종플루는 백신과 치료제의 불평등한 분배 문제를 드러냈다. 메르스는 정보 불투명과 의료 체계의 신뢰 상실을 적나라하게 드러냈다. 이런 사례를 분석하며 우리는 코로나19가 단순한 보건 위기가 아니라,

사회 전반을 뒤흔드는 정치, 경제, 사회적 위기로 번질 것으로 예측했다. 그리고 그 충격은 세대 갈등과 양극화를 심화시킬 것이라는 전망도 내놓았다. 불행히도 이 전망은 곧 현실이 되었다.

이런 경험을 통해 내가 다시 깨달은 점은 미래는 정확히 맞힐 수 없다는 것이다. 누구도 2020년 1월, 우한에서 시작돼 코로나바이러스가 전 세계로 퍼질 것임을 미리 쓸 수는 없다. 그러나 미래 예측의 가치는 다른 곳에 있다. 작은 신호라도 무시하지 않고, 그것을 사회적 토론과 준비로 이어가는 것이다. 2019년 여름 방콕에서 들었던 경고가 내게 준 힘은 바로 그것이었다. 그 작은 신호를 마음속에 간직했기에, 코로나19가 터졌을 때 나는 당황하지 않고 곧바로 대응할 수 있었다. 팬데믹은 예측된 미래가 아니라, 무시된 신호가 현실로 드러난 미래였다.

앨빈 토플러는 『미래 쇼크』에서 급격한 변화가 개인과 사회를 압도할 때 우리는 마비되고 혼란에 빠진다고 경고했다. 코로나19는 바로 그 전형이었다. 준비가 부족했던 사회일수록 공포가 증폭되었고, 대응은 뒤늦게 쫓아갔다. 미래 쇼크는 피할 수 없는 운명이 아니다. 작은 신호에 귀 기울이고, 그것에 대해 토론하고 준비하는 사회라면 충격은 훨씬 더 완화될 수 있다. 2019년 방콕에서의 경험은 내게 일종의 정신적 백신이었다. 그 덕분에 위기 앞에서 얼어붙지 않고 움직일 수 있었다.

미래는 기대와 반대로 흐른다

　사람들은 미래학자에게 "미래를 정확하게 예측할 수 있느냐?"고 묻는다. 그럴 때마다 나는 애매한 미소를 지을 수밖에 없다. APFN 회의장에서, 혹은 국내의 각종 정책 현장에서 내가 경험한 것처럼, 미래는 늘 손에 잡힐 듯 다가오지만 동시에 쉽게 비켜나기 때문이다. 미래를 예측하기 어려운 이유는 단순히 데이터 부족이나 분석 도구의 한계 때문만이 아니다. 오히려 우리가 품고 있는 기대라는 렌즈가 눈을 가리기 때문이다.

　지난 20년 동안 한국 사회는 저출산을 국가 의제로 삼고 수많은 대책을 쏟아냈다. 출산 장려금, 보육 정책, 주거 지원까지 정부는 끊임없이 출산율을 끌어올리려 애썼다. 그러나 결과는 기대와 달랐다. 저출산의 흐름은 멈추지 않았고, 오히려 1인가구가 급격히 증가했다. 통계청의 인구주택총조사에 따르면 2000년 222만 가구였던 1인 가구는 2017년 562만 가구로 불과 17년 만에 2.5배 이상 증가했다. KB금융은 2045년이면 810만 가구를 넘어설 것이라고 전망했다.

정책은 늘 "아이를 낳아야 한다"는 기대를 중심에 두었지만, 사람들의 실제 선택은 거기서 벗어난다. 삶의 조건, 가치관, 사회구조가 달라진 상황에서 "과거로 돌아가라"는 메시지는 효과를 내지 못한다. 기대가 현실을 보는 눈을 가리는 것이다.

환경 보존도 그렇다. 학교와 미디어, 국제회의장에서 우리는 늘 환경을 지켜야 한다고 강조한다. 그러나 도시화는 멈추지 않고, 대기와 바다는 점점 더 오염되었다. 『네이처』에 실린 Xu, Ramanathan, Victor(2018)의 연구는 기후온난화 속도가 IPCC 보고서보다 훨씬 더 빠르다고 지적하면서 섭씨 1.5도 상승은 2030년에, 섭씨 2도 상승은 2045년에 도래할 수 있다고 전망했다. 또 다른 학자들은 기온 상승이 섭씨 2도를 초과하면 지구 스스로 온난화를 가속하는 '열실지구hothouse Earth'로 진입할 수 있다고 경고했다. 환경을 지키겠다는 집단적 기대는 언제나 존재했다. 그러나 우리의 일상적 선택과 경제적 시스템은 다른 방향으로 움직였다. 그 결과 미래는 사람들의 기대와 반대로, 더 위험하고 불안한 지점으로 흘러가고 있다.

기술의 발전은 또 어떤가. 우리는 언제나 기술이 새로운 일자리를 만들고, 삶을 풍요롭게 할 것이라고 기대한다. 그러나 이미 수많은 사람은 자신의 일자리가 사라질까 두려워하고 있다. 기대와 현실은 서로 다른 궤도 위에서 달리는 것 같다.

히라카와 가쓰미는 『골목길에서 자본주의의 대안을 찾다』에서 "인간은 반드시 합리적으로 행동한다는 명제를 의심해야 한다"고 했다. 그가 강조한 점은 인간사회는 불합리로 가득해 우리가 기대하는 방향과는 전혀 다른 미래가 도래할 수 있다는 사실이다. 그러니 늘 최악의 경우를 예측하고 대비하라는 것이다.

'인간은 반드시 합리적으로 행동한다'는 전제는 언제든 무너질 수 있다. 인간사회는 합리적 질서보다는 불합리, 우연, 돌발로 채워져 있으며, 이런 불합리성이 역사의 방향을 바꾸고 예측을 배반하는 힘으로 작용한다. 그렇기에 미래를 정확하게 예측하겠다는 태도 자체가 오만일 수 있다. 미래는 결코 직선으로 다가오지 않으며, 우리가 바라는 방향과 정반대로 흘러갈 수 있다.

이런 점에서 최악의 시나리오를 상정하고 대비해야 한다는 태도는 비관주의가 아니라, 불합리와 우연이 지배하는 현실을 냉철하게 직시하는 것이다. 이로써 우리는 예상치 못한 충격에도 흔들리지 않는 사회적, 개인적 회복력을 기를 수 있다. 다시 말해 미래를 정확히 예측할 수는 없지만, 불합리한 변수로 미래가 기대와 달리 전개될 수 있다는 점을 인식하고, 가장 나쁜 상황에도 견딜 수 있는 준비를 하는 것이야말로 예측의 또 다른 쓸모다. 이런 점에서 미래 예측 과제는 "무엇이 반드시 일어날 것인가"를 단정하는 것이 아니라, "만약 우리가 기대하지 않은 일이 일어난다면 어떻게 대응할 것인가"를 끊임없이 묻는 것이다. 불합리와 예측 불가능성 속에서 미래를 통제할 수는 없지만, 최악을 가정하고 준비하는 일은 우리가 감당해야 할 미래의 무게를 한결 가볍게 만든다.

예측 편향의 문제

 2020년 봄, 코로나19 팬데믹이 전 세계를 휩쓸었을 때 사람들은 "이 사태가 언제 끝날까?"라는 질문을 던졌다. 여기에는 사실 두 가지가 숨어 있다. 하나는 단기적 시각에서 백신과 치료제가 언제 개발되고 우리 손에 들어올까를 묻는 것이다. 다른 하나는 코로나19가 끝난 뒤에도 또 다른 팬데믹이 올까, 아니면 이 사태가 마지막일까를 묻는 것이다.

 당시 많은 사람은 첫 번째 질문에만 몰두했다. 백신만 나오면, 치료제만 나오면 곧 종식될 것이라 믿었다. 하지만 현실은 달랐다. 백신을 개발하는 것만으로는 충분하지 않았다. 대량생산, 전 세계적인 공급망, 의료 인프라, 변이 억제, 국제 협력…… 수많은 조건이 모두 충족되어야만 '팬데믹의 종식'에 도달할 수 있었다. 이것을 결합사건이라고 한다. 여러 조건이 동시에 맞아야만 성립되는 사건이다.

문제는 인간이 이런 결합사건의 확률을 제대로 가늠하지 못한다는 데 있다. 사람들은 각 단계가 그럴듯해 보이면 전체도 그만큼 잘 굴러갈 거라고 착각한다. 그래서 실제보다 훨씬 더 낙관적으로 예측한다. 한편 두 번째 질문, 새로운 팬데믹이 또 올까에 대해서는 사람들의 반응이 훨씬 더 가볍다. "설마 또?"라며 대수롭지 않게 여겼다. 하지만 팬데믹의 등장은 훨씬 더 단순하다. 기후위기, 무분별한 도시 개발, 숲 파괴, 새로운 식습관, 심지어 바이오 테러 같은 요인 중 하나만 현실화되어도 다시 터질 수 있다. 이를 분리사건이라 부른다. 여러 요인 중 하나만 발생해도 성립되는 사건이다.

심리학자 대니얼 카너먼은 사람들의 예측 편향을 이렇게 설명했다. 결합사건에서는 여러 조건이 모두 충족되어야 일어나는데, 사람들은 사건의 성공 확률을 실제보다 높게 본다. 분리사건에서는 여러 요인 중 하나만 발생해도 일어날 수 있는데, 사람들은 사건의 위험 확률을 실제보다 낮게 본다. 이 차이를 직관적으로 이해하기 위해 다음의 실험을 읽어보자.

첫 번째 주머니에는 빨간 공 9개, 흰 공 1개가 들어 있다. 이 주머니에서 공을 일곱 번 뽑아 매번 빨간 공만 나올 확률은 약 48퍼센트다. 두 번째 주머니에는 빨간 공 1개, 흰 공 9개가 들어 있다. 여기서 일곱 번 뽑았을 때, 단 한 번이라도 빨간 공이 나올 확률은 약 52퍼센트다.

숫자로 보면 두 번째 주머니에서 빨간 공이 나올 확률이 더 높다. 하지만 대부분의 사람은 첫 번째 사건, 즉 '빨간 공만 계속 뽑기'를 더 쉽게 일어날 것처럼 느낀다. 결합사건은 과대평가되고, 분리사건은 과소평가되는 것이다.

결합사건의 예로 제시된 빨간 공이 연속으로 일곱 번 나온다는 가정은 사실 쉽게 믿기 어렵다. 일상에서 '연속된 행운'은 드물게 느껴지기 때문이다. 그런데 실제 이 사건을 접하는 우리는 "빨간 공이 나올 확률이 90퍼센트니까, 일곱 번 해도 대체로 잘되겠지"라며 낙관한다. 그러나 이 경우는 $0.9 \times 0.9 \times \cdots \times 0.9 = 0.478$(약 48퍼센트)로 줄어드는 곱셈 논리를 무시하는 것이다. 카너먼이 지적한 결합사건 과대평가 오류다. 각 단계의 성공률을 곱해야 한다는 사실을 잊고 낙관하는 경향이 더 흔하다.

분리사건의 사례로 제시된 흰 공이 90퍼센트인 주머니에서 빨간 공이 나올 확률은 단 한 번 뽑을 때는 10퍼센트밖에 안 된다. 하지만 일곱 번 뽑는 동안 단 한 번이라도 빨간 공이 나올 확률을 계산하면, 의외로 절반 이상(52퍼센트)이다. 작은 가능성도 여러 번 기회가 주어지면 결코 무시할 수 없는 수치가 되는 것이다. 정리하면, 사람들은 '성공 확률이 높다'를 여러 번 해도 성공하겠지로 과대평가하거나, '실패 확률이 높다'를 여러 번 해도 실패하겠지로 과소평가하는 경향이 있다는 것이다.

왜 이런 일이 벌어질까? 심리학자들은 이를 기준점 효과 anchoring effect라고 부른다. 사람들은 확률을 계산할 때 처음 떠오르는 숫자나 경험을 '기준점'으로 삼는다. 예를 들어 "빨간 공을 뽑을 확률은 반반, 50퍼센트쯤 되겠지"라는 막연한 기준점에 기대어 생각한다. 그리고 나서 결합사건은 그보다 높게, 분리사건은 그보다 낮게 추정한다.

문제는 이 기준점이 아주 강력하다는 것이다. 한번 머릿속에 들어온 숫자나 경험에서 쉽게 벗어나지 못한다. 게다가 그 기준점을 뒷받침하는 정보만 더 잘 떠오른다. 백신 개발이 빨리 진행된다는 뉴스는 머릿속에 강하게 남지만, 유통망 붕괴나 국제 협력의 난관은 잘 떠오르지 않는다. 결과적으로 전체 확률은 왜곡되고, 예측은 틀어진다.

그렇다면 왜 사람들은 이런 오류를 반복할까? 우선 인지적 경제성을 생각해볼 수 있다. 확률을 정밀하게 계산하는 것은 에너지가 많이 드는 작업이다. 그래서 사람들은 처음 접한 숫자나 익숙한 경험치를 출발점으로 삼고, 거기서 약간만 조정하는 경향을 보인다. 하지만 이 조정은 늘 불충분하다. 여기에 기억의 편향도 작용한다. 기준점이 한번 떠오르면 그것을 뒷받침하는 정보만 쉽게 기억나고, 반대되는 정보는 무시되기 쉽다. 정서적 기준점, 즉 바람이나 두려움도 기준점이 된다는 것 역시 알아야 한다. '곧 끝났으면 좋겠다'는 소망이 기준점이 되어 현실보다 더 낙관적인 추정을 하게 된다. 사회적 기준점도 작용하는데, 정부의 발표치, 언론의 수치, 기존 경험치가 기준점으로 굳어져 이후의 판단을 강하게 제한한다.

   이런 효과는 숱한 예측 실패로 이어진다. 예를 들어 신상품 성공률은 통상 과대평가된다. 신상품이 성공에 이르는 여러 단계는 '그럴듯해' 보이지만, 이는 결합사건이어서 전체 성공률은 생각보다 낮다. 대형 프로젝트의 기획 오류도 종종 발생하는데, 초기 일정과 예산이 기준점이 되어 늘 시간과 비용을 과소추정한다. 원자력발전소 사고, 대규모 정전, 감염병 같은 사건은 분리사건임에도 '정상 상태'라는 기준점 때문에 대비가 부족해진다.

   결국 예측은 단순한 계산 문제가 아니다. 인간 심리의 함정을 인식하고 여기서 벗어나는 훈련이다. 미래 연습은 바로 그 과정이다. 우리는 보고 싶은 것만 보고, 믿고 싶은 것만 믿는다. 결합사건은 지나치게 낙관하고, 분리사건은 지나치게 가볍게 본다. 이 함정을 자각하는 순간, 우리는 미래를 좀더 냉철하게 바라볼 수 있다. 미래 연습은 정확한 예측을 약속하지 않는다. 대신 예측의 편향을 의식하고 이에 대비하는 태도를 길러준다. 그것이야말로 불확실한 시대를 살아가는 데 필요한 가장 중요한 훈련이다.

예측을 방해하는 세 가지 악당

우리는 누구나 미래를 알고 싶어한다. 기업은 다음 분기의 매출을, 정부는 내년의 경제 상황을, 개인은 자기 삶이 어떻게 흘러갈지를 알고 싶어한다. 하지만 미래를 예측하는 일은 생각만큼 단순하지 않다. 무엇보다 사회의 지배적인 의견과 때로는 정면으로 맞서야 하기에 불편하고 위험하다.

주류의 시각을 따르는 예측은 안전하다. 누구도 불편해하지 않고, 조직도 쉽게 받아들인다. 하지만 그런 예측은 이미 많은 사람이 하는 이야기의 반복에 불과하다. 미래 예측의 진짜 쓸모는 현재의 합의와 다른 시각을 제시할 때 드러난다. 즉 지금과 다른 시공간을 준비하는 것이다. "배는 항구에 있을 때 가장 안전하다. 하지만 그것이 배의 존재 이유는 아니다"라는 말처럼,

안전한 예측은 오히려 쓸모없을 수 있다.

이쯤에서 미래 예측을 방해하는 세 가지 악당을 불러내보자. 이들은 언뜻 보면 합리적이고 안전한 선택 같지만, 실제로는 우리를 눈멀게 하는 존재다.

첫 번째는 데이터만 믿는 자다. 2011년, 가습기살균제 참사가 터졌다. 사회적참사 특별조사위원회의 보고서에 따르면 2011년 9월부터 2022년 7월까지 피해 신고자는 7768명, 이 중 사망자는 1784명에 달했다. 건강이 매우 안 좋아진 사람은 50만 명에 달했다. 그러나 피해가 이렇게까지 확산되기 전, 사건을 조기에 막을 기회가 있었다.

2011년 가습기살균제가 언론에 처음 보도된 것은 8월, 단 32건의 기사가 나왔다. 이후 2016년 1월까지 무려 4년 넘는 시간 동안 관련 기사의 건수는 잦아들었다. 데이터만 보면 문제는 점점 해결되는 듯했다. 하지만 2016년 2월, 언론 보도 건수는 단숨에 2700건으로 치솟았고, 사회적 분노는 걷잡을 수 없어졌다. 국회 국정조사, 불매운동, 특별위원회 구성까지 이어지며 뒤늦게 진상 규명과 제도 개선이 시작됐다.

만약 누군가 2006년 가습기살균제와 관련성이 있을 것으로 의심되는 소아 사망 사건을 조금 더 의심했더라면, 혹은 2011년 질병관리본부의 역학 조사 중간 결과에 문제 제기를 멈추지 않았더라면 어떻게 됐을까? 언론 보도가 줄었다는 이유로 관심을 접지 않았더라면 피해자 구제는 더 빨리 시작될 수 있었을 것이다. 그러나 우리는 데이터의 '추세'를 안도감의 근거로 삼았고, 그 결과 수많은 생명을 잃었다. 데이터는 과거를 기록한다. 하지만 미래를 보려면 데이터의 빈틈, 데이터가 말하지 않는 영역까지 읽어야 한다.

두 번째 악당은 추세에 갇힌 자다. 1970년대 말, 세계는 처음으로 에너지가 무기가 될 수 있음을 깨달았다. 오일쇼크가 전 세계를 강타하면서 석유 가격이 폭등했고, 산업사회는 큰 충격에 빠졌다. 그러나 당시 1980년대를 바라보던 경제 분석가들은 여전히 석유 수요가 꾸준히 증가할 것이라고 내다봤다. 상승률의 차이는 있을지언정 추세가 가리키는 방향은 우상향이었기 때문이다.

그러나 현실은 정반대였다. 1981년과 그 이듬해, 세계적인 경기 불황과 인플레이션이 겹치면서 석유 수요는 급격히 떨어졌다. 분석가들은 왜 이런 반전을 예측하지 못했을까? 그들은 바로 눈앞의 추세, 해마다 증가하는 수요 곡선에만 매달렸기 때문이다. 추세선에서 벗어날 수 있다는 가능성 자체를 상상하지 못했다. 미래는 직선으로 오지 않는다. 곡선처럼 휘기도 하고, 때로는 아예 방향을 바꿔버린다. 하지만 추세에만 갇힌 이들은 그 변곡점을 보지 못한다. 그래서 이들의 미래 예측은 종종 실패한다.

세 번째 악당은 평균에 안주하는 자다. 기후위기를 둘러싼 논쟁은 '평균'의 함정을 보여준다. 기후학자들은 이번 세기 안에 지구의 평균 온도가 섭씨 1.5도에서 4.5도 상승할 가능성이 가장 높다고 말한다. 정규분포곡선에 따르면 대부분의 사건은 평균 근처에서 발생하기 때문이다. 그래서 사람들은 그 평균값에 안도한다.

그러나 기후변화의 진짜 위험은 평균이 아니라 꼬리tail에 숨어 있다. 온도가 6도나 7도까지 오를 확률은 낮지만, 만약 그런 일이 현실이 된다면 인류사회는 사실상 붕괴될 것이다. 이른바 '팻 테일fat tail'의 세계다. 확률은 희박하지만, 일어나면 파괴력이 너무 커서 결코 무시할 수 없는 영역이다. 평균에 기대는 예측은 우리를 안온하게 하지만, 그 안온함은 허상이다. 꼬리를 보지 못하면 재앙을 맞을 준비도 하지 못한다.

고대 그리스의 철학자 헤라클레이토스는 "진리를 추구한다면 예기치 못한 일에 열려 있어야 한다"고 말했다. 진리는 찾기 어렵고, 찾은 뒤에도 혼란스럽다. 하지만 그 혼란을 감내해야만 미래에 대한 준비가 가능하다. 경영학 연구도 같은 메시지를 전한다. 시드니대학의 댄 로발로와 매킨지컨설팅의 올리비에 시보니는 5년에 걸쳐 1048건의 중요한 사업 결정을 추적했다. 그 결과 탁월한 CEO일수록 불확실성을 인정하고, 믿음을 흔드는 증거를 적극적으로 탐색하며, 대안적 관점을 수용하는 태도를 보였다. 안전한 길만 고수하는 지도자가 아니라, 불편한 가능성까지 직시하는 사람이 더 나은 의사결정을 내렸다는 것이다.

지배적 의견에 편승하는 예측은 조직을 안심시키지만, 그 예측은 실제로 아무런 쓸모가 없다. 오히려 예측은 사회를 불편하게 하거나 불안을 불러일으킬 때 그 가치를 드러낸다. 데이터의 안락함, 추세의 매혹, 평균의 안정감, 이 세 가지는 우리를 달래주지만 동시에 우리 눈을 가린다. 예측을 더 잘하려면 여기에 맞서야 한다. 데이터가 말하지 않는 영역을 의심하고, 추세를 거스르는 변곡점을 찾으며, 평균 바깥의 꼬리에 숨어 있는 작은 위험을 살펴야 한다.

사회적 상호작용과 예측의 수정

그렇다면 예측을 더 잘하기 위해서 우리는 무엇을 해야 할까? 데이터와 추세, 평균값의 함정을 벗어나는 것만으로는 충분하지 않다. 예측은 결국 인간의 행위를 다루는 일이기 때문이다. 경제학은 오랫동안 인간을 이기적이고 합리적인 행위자로 가정해왔다. 하지만 아마르티아 센은 이런 단순화가 예측을 심각하게 제한했다고 지적한다. 그는 "이기적 행위라는 극히 편협한 사실을 광범위하게 사용한 결과 예측경제학의 영역이 심각하게 제한되었으며, 행위의 다변성을 통해 작동하는 중요한 경제 관계의 상당수가 탐구하기 어려워졌다"고 주장했다(센, 2009).

미래학은 인간 행위를 이해하고 설명하는 동시에, "더 나은 삶이란 무엇인가, 더 나은 미래란 무엇인가"를 묻는 상상력의 학문이다. 이러한 상상을 통해 우리는 현재의 지배적인 사고 틀에서 벗어나고, 삶과 동기, 자유에 대해 더 풍부하게 이해할 수 있다. 거기서 비로소 대안적 삶이 등장한다. 센은 인간의 행위가 단순히 목표 극대화만으로 설명되지 않는다고 말한다. 각자의 목표는 서로 얽혀 있으며, 행위는 사회적 상호 의존성을 반영한다. 따라서 우리가 무엇을 해야 하는가, 어떤 전략을 세워야 하는가라는 질문은 나는 누구인가라는 자기 정체성을 묻는 물음과도 연결된다.

심리학자이자 미래 예측가인 필립 테틀록은 『슈퍼 예측』이라는 저서에서 예측할 때 내부 상황만 보고 판단하지 말고, 먼저 외부 환경을 분석한 뒤 내부 상황을 다시 보라고 강조한다. 또한 예측은 고정된 것이 아니며, 수시로 갱신해야 한다고 말한다. 왜냐하면 내부 상황이 끊임없이 변하기 때문이다.

내부 상황이 바뀌는 이유는 단순하다. 인간은 고립된 존재가 아니라 서로에게 반응하며 살아가기 때문이다. 남들이 보고 있다고 느낄 때, 우리는 종종 자기 욕망을 억제하고 주위에 순응한다. 이런 행동은 곧 우리의 행위 자체를 바꾸고, 그러니 예측도 달라져야 한다.

미래를 예측하는 작업은 늘 불편하고 복잡하다. 데이터, 추세, 평균의 유혹을 뿌리쳐야 하고, 인간의 복잡한 행위와 상호작용을 이해해야 하며, 때로는 현재의 지배적 의견에 맞서야 한다. 예측의 쓸모는 불편함 속에서 드러난다. 사회를 아프게 하고 불안을 자극할 때 비로소 예측은 현재와 다른 미래를 준비하는 도구가 된다. 그래서 미래 연습은 불편하지만 우리를 더 나은 곳으로 안내한다.

미래 연습
사회적 불편함을 감수하는 예측하기

1. 프로그램 개요

목적: 데이터·추세·평균에 안주하는 편향을 벗어나, 인간 행위와 상호작용의 불확실성을 고려한 예측 태도를 체득한다.
대상: 소규모 그룹(4~6명)
시간: 약 2시간

2. 세부 구성

(1) 분위기 만들기(아이스브레이킹): 내가 틀린 예측(15분)

참가자들이 최근에 틀린 예측 사례(주식, 날씨, 인간관계, 시험 등)를 짧게 공유한다. 서로 "왜 틀렸는지"보다 "그때 나는 무엇을 믿고 있었나?"를 묻는다.

목표: 자신의 기준점이 어디서 왔는지 자각하기.

(2) 시뮬레이션 게임 1: 결합사건 vs 분리사건(30분)

- 방법:

사회자가 "빨간 공 실험"을 소개하고, 참가자에게 두 사건 중 어느 쪽이 더 가능성 높아 보이는지 손을 들어 선택하게 한다. 곧바로 실제 확률(48퍼센트 vs 52퍼센트)을 알려주고, 왜 직관과 다른지 설명한다. 이어서 참가자 각자의 현실 속 결합사건과 분리사건 사례를 떠올려 포스트잇에 적는다.

예: "스타트업 성공"(결합사건), "사이버 공격 발생"(분리사건)

- 토론 질문: 우리는 왜 결합사건에 낙관적일까? 왜 분리사건은 '설마 또?'라며 가볍게 보는가를 토론해보기.

(3) 시뮬레이션 게임 2: 기대와 반대로 가는 미래(30분)

- 방법:

사회자가 정책이 기대와 반대로 작동한 사례(저출산 정책, 환경 정책 등)를 간략히 소개한다. 소그룹별로 내가 속한 조직이나 사회에서 현재 당연시되는 기대를 하나 선택한다. (예: "AI는 일자리를 늘릴 것이다" "기후위기는 국제 협력으로 해결될 것이다") 그 기대가 정반대로 흘러갈 경우 어떤 충격이 생길지 시나리오를 작성한다.
- 활동: 기대와 반대의 미래 카드 만들기(한 장에 요약해 그룹별 공유).
- 목표: 지배적 의견에 맞서는 불편한 예측을 실습

(4) 시뮬레이션 게임 3: 최악의 경우 대비(30분)
- 방법:

소그룹별로 앞에서 나온 시나리오 중 하나를 골라 최악의 경우를 구체화한다. 그리고 개인 혹은 조직 차원에서 대응할 수 있는 세 가지 대비책을 제시한다.

- 토론 질문: 최악의 경우를 준비하는 것이 왜 낙관적 태도가 될 수 있을까? 이 대비가 나와 우리 조직을 어떻게 더 회복력 있게 만들까?

(5) 마무리 라운드: 예측 갱신 훈련(15분)

사회자가 필립 테틀록의 원칙을 소개한다: 외부 환경 먼저→ 내부 상황 나중→ 예측의 지속적 경신. 예측은 고정이 아니라 갱신이라는 점을 강조한다. 참가자 각자가 오늘의 활동을 통해 "내 예측은 언제, 어떻게 바뀔 수 있는가"를 한 줄씩 써서 공유한다.

- 목표: 예측의 내용을 고정하지 않고, 불편할 만큼 자주 갱신하는 태도를 익히기

3. 기대 효과

참가자들은 예측이 틀릴 수밖에 없는 이유(편향·기준점 효과)를 체험적으로 이해한다. 지배적 기대와 반대되는 미래를 그려보며 불편함 속에서 배우는 훈련을 한다. 최악의 경우에 대비하는 것이 단순한 비관주의가 아니라 회복력을 키우는 적극적 태도임을 경험한다. 마지막으로, 예측은 완성된 답이 아니라 수시로 갱신해야 하는 과정임을 몸으로 익힌다.

5장

미래가 계획한 대로 되나요?

하버드대학의 방어기제 연구

　국립정신건강센터가 제공하는 우울증 자가 진단 질문에는 "기분이 가라앉거나 희망이 없음" "일 또는 여가 활동에 흥미나 즐거움을 느끼지 못함" "자신을 부정적으로 봄" "자신이 실패자라고 느끼거나 자신 또는 가족을 실망시킴" 등이 제시되어 있다. 이런 질문들에 '그렇다'는 답변이 많을수록 우울증이 심한 것이다. 개인의 처지와 환경에 따라 우울증의 원인은 여러 가지가 있겠지만 이 증세로 나타나는 공통된 마음 상태는 '내 행위가 내 미래에 별 영향을 미치지 못한다'는 좌절감이다.

　사람은 누구나 살면서 갖은 이유로 좌절한다. 노력해도 계획한 대로 안 되는 크고 작은 일이 많아서다. 문제는 마음이나 기운이 꺾일 때 어떻게 대응하느냐에 따라 삶의 성패가 갈린다는 것이다. 누구나 좌절하지만, 좌절을 극복하는 방법은 개인마다 다르다. 그리고 그 방법에 따라 좌절이 새로운 성장과 도약의 기회가 되기도 하고, 반대로 자존감이 약해지거나 무력감을 느껴 '더 나아지려는' 또는 '지금 상태를 유지하려는' 노력을 포기하기도 한다.

미국 최대의 종단 연구로 꼽히는 '하버드대학의 그랜트 스터디'는 좌절 극복에 관한 흥미로운 연구를 제시한 바 있다. 1937년 하버드대학은 학생 중에서도 가장 우수하다고 여겨지는 이들을 선발하고 그들의 삶을 70년 이상 추적 조사했다.* 268명이 추적 대상이었고, 이들은 졸업할 때 주위의 많은 기대를 받았던 대로 정계, 법조계, 경제계, 학계, 언론계 등에서 활약했다.

훗날 이들의 삶을 평가해보니 30퍼센트는 성공적인 삶을 살았고, 30퍼센트는 부적응적 삶을 산 것으로 나타났다(고영건, 2015). 성공적인 삶을 산 사람들은 경력상 꾸준히 승진했고, 부모보다 더 높은 연봉을 받았으며, 즐거운 결혼생활을 20년 이상 유지했고, 신체적으로 건강했고, 술이나 진정제를 과용하지 않았다. 부적응적 삶을 산 사람들은 이와는 대체로 반대였다.

연구자들은 성공한 삶과 부적응적 삶의 원인을 알고 싶었다. 특히 이들이 주위로부터 주목받은 만큼 겪었을 갖은 좌절에 대처하는 방법에서 어떤 차이가 있는지를 분석했다. 결론부터 이

* https://www.6seconds.org/2021/04/19/harvard-grant-study/

야기하면 성공적인 삶을 살았던 이들은 어려움이 닥쳤을 때 이타주의(공감 능력), 미래 예측(그림에서는 '예상'으로 표기), 억제, 승화, 유머라는 '적응기제'를 적극적으로 활용했던 것으로 나타났다(그림 5-1 참조).

그림을 보면 성공적인 삶을 산 사람들과 부적응적인 삶을 산 사람들의 적응기제 활용도 차이를 확인할 수 있다. 예를 들면 미래 예측으로 해석되는 예상은 성공적인 삶의 경우 9퍼센트를, 부적응적 삶은 2퍼센트를 활용한 것으로 나타났다. '예상'이라는 적응기제는 둘 간의 차이가 가장 큰 항목인데, 미래학자로서 이 부분을 주목하지 않을 수 없다. 이에 관한 상세한 설명은 잠시 뒤로 미루고 우선 적응기제가 무엇인지 알아보자.

고영건 고려대 심리학과 교수(2015)는 적응기제를 "문제 상황에서 사람들이 스스로를 돌보기 위해 사용하는 심리학적인 대처 방법"이라고 설명한다. 원래 이 말은 정신분석의 창시자 지그문트 프로이트가 만든 '방어기제'라는 개념을 빌린 것이다(그림에는 방어기제로 표현). 방어기제라는 표현이 '은연중에 인간의 어두운 본성을 부각하는 경향'이 있어서 하버드대학의 연구에서는 긍정적 의미를 나타내고자 적응기제adaptive mechanism로 바꿔 표현했다.

고영건은 적응기제에는 신경증적 적응, 미성숙한 적응, 그리고 성숙한 적응의 세 종류가 있다고 설명한다. 예를 들어보자. '내가 다른 사람들과의 약속을 어긴다면 그것은 대체로 불가피

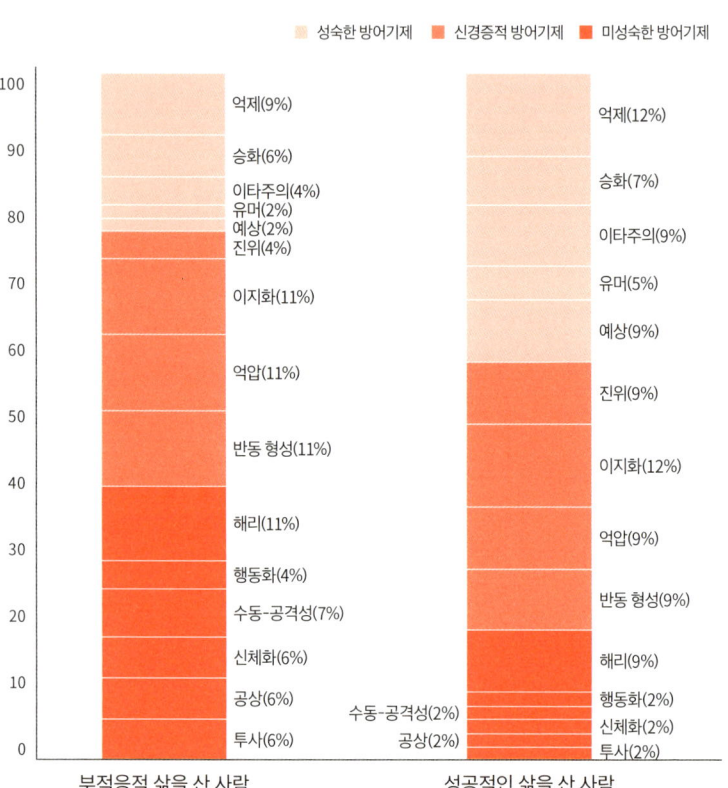

그림 5-1 하버드대학 연구, 성공한 사람들의 적응기제 분포도

출처: 고영건(2015)

한 사정이 있었기 때문이다' '나는 다른 사람들이 나를 칭찬하는 것을 마음 편하게 즐기지 못하는 편이다' '나는 늘 기분이 좋다'는 항목에 그렇다고 답변하는 사람들은 신경증적neurotic 적응기제를 사용하는 것이다. 이런 사람들은 문제가 생기면 자기를 희생해 내면의 갈등이나 현실적인 문제와 타협한다. 문제로 발생하는 고통을 꾹 참고 견디기 때문에 주위 사람들은 그가 고통을 겪고 있는지 모른다.

또 다른 항목을 살펴보자. '나는 정당한 대우를 받지 못하고 있다' '나는 현실에서 이루어질 수 없는 일들에 대해 공상할 때가 많다' '나는 화가 나면 상대방을 곤란하게 만들려고 일부러 실수하거나 늑장을 부린다'는 항목에 그렇다고 답변하는 이들은 미성숙한 적응기제를 사용한 것이다. 이런 사람들은 문제가 생기면 타인을 희생양으로 삼아 자기 내면의 심리적 갈등을 해결한다. 그래서 이런 사람들과 함께 생활하거나 일하는 이들은 고통을 겪는다.

마지막으로 다음 항목에도 답변해보자. '나는 기분이 좋지 않을 때도 좀처럼 짜증을 내지 않는다' '나는 스트레스를 받을 때 유머를 즐겨 한다' '나는 미래의 일들에 대해서 한발 앞서 마음속으로 대비해둔다' '나는 문학 및 예술작품을 감상하길 즐기는 편이다' '나는 봉사 정신이 매우 강한 편이다'라는 항목에 그렇다고 답변하는 이들은 성숙한 적응기제를 사용한다. 이들은 문제 상황에서 어려움을 피하지 않고 문제를 문제로 받아들인다.

더 나아가 문제를 창조적으로 변형해 나와 주변 사람들에게도 도움이 되는 전략을 세운다. 이런 성숙한 적응기제는 억제, 유머, 예상, 승화, 이타주의라고 부른다.

성공한 삶을 산 사람이나 부적응적 삶을 산 사람이나 모두 다양한 적응기제를 활용하지만 주목해서 볼 것은 이런 적응기제들의 활용 분포도. 성공한 삶을 산 사람들은 성숙한 적응기제를 더 많이 활용했다. 성공적인 삶을 산 사람과 부적응적 삶을 산 사람들의 적응기제 분포 차이를 살펴보면 예상(9퍼센트 대 2퍼센트), 억제(12퍼센트 대 9퍼센트), 승화(7퍼센트 대 6퍼센트), 이타주의(9퍼센트 대 4퍼센트), 유머(5퍼센트 대 2퍼센트)가 눈에 띈다. 이 중에서 '예상'의 활용도 차이는 두 그룹의 비교에서 단연 가장 크다(7퍼센트포인트 차이).

하버드대 연구 책임자 베일런트(2000)는 예상을 뜻하는 영어 단어 'anticipation'을 미래에 관한 생각과 느낌thinking and feeling about the future이라고 설명한다.* 예를 들어 세계 최초로 뉴욕과 파리를 비행기로 횡단한 찰스 린드버그는 비행하기 전 온갖 위험에 대해 사전에 시뮬레이션을 해보고 그것이 초래할 결과를 미리 경험함으로써 비행에 필요한 '대담함'을 갖게 되었다고 고백한 바 있다. 이런 활동이 미래에 벌어질 수 있는 일을 예상하는 것이다.

* G. Vaillant. (2000). Adaptive Mental Mechanisms: Their Role in a Positive Psychology. *American Psychologist*, 55(1): 89~98.

세계 최초의 비행사와 전쟁 영웅의 공통점

　미래학에서는 이런 미래 예측 방법을 인캐스팅incasting이라고 부른다. 캐스트cast는 무엇을 앞으로 던진다는 뜻인데, 미래로 내 생각을 던진다는 '예측'이라는 영어 단어는 포캐스팅forecasting이라고 한다. 'fore'라는 접두어는 전방(앞)을 의미한다.

　반대로 미래의 어느 시점에서 목표를 정하고 그 시점부터 되짚어 현재로 돌아오면서 목표를 실현할 계획을 수립하는 예측도 있다. 이를 백캐스팅backcasting이라고 부른다. 미래의 어느 시점에서 뒤back를 돌아 현재를 향해 나의 상상력을 던진다는 뜻이다. 릴 낚시를 할 때 미끼가 달린 줄을 앞으로 던지기 전 뒤로 한껏 빼는 동작도 백캐스팅이다. 이 역시 뒤로 던지는 행위여서 그렇다.

포캐스팅, 백캐스팅과 달리 인캐스팅은 나를 미래로 던져놓는다는 뜻이다. 마치 타임머신을 타고 미래로 가서 그 사회를 샅샅이 경험하듯 미래를 상상하는 것이다. 린드버그가 비행하면서 맞이할 미래의 다양한 상황에 자신을 놓아두고, 상황별로 자신이 어떻게 대처해야 할지 상상하는 것은 인캐스팅으로 볼 수 있다.

역사적인 인물 중에서 인캐스팅을 잘 활용한 사례를 살펴보자. 제2차 세계대전의 영웅 아이젠하워는 연합군이 나치 독일 치하의 프랑스 노르망디에 1944년 6월 6일 상륙한 작전을 진두지휘한 인물이다. 노르망디 상륙작전은 인류 역사에서 최대 규모의 군사작전으로 기록되며, 이를 계기로 연합군은 나치 독일로부터 유럽을 탈환해 전쟁의 판도를 바꿨다.

이 작전을 감행하기 전, 아이젠하워는 연합군이 노르망디 작전에서 패할 것이라는 비극적인 전망에 시달렸다. 패전이라는 가장 극단적인 상황을 가정하고도 그는 진격 명령을 내렸다. 부정적 미래를 예측했는데도 역으로 해볼 만한 싸움임을 자각했다. 여러 패전의 가능성이 있었지만 숱한 시뮬레이션 결과 전쟁에서 이기는 길도 있음을 발견한 것이다.

그는 미래가 부정적이어서 좌절하거나 무력해지지 않았다. 부정적인 결과가 도출되는 과정을 꼼꼼하게 예측하다보면 거기서 이제까지 논의하거나 시도하지 않았던, 또는 상상하지 않았던 길이 보일 수 있다. 어떤 일이든 막연한 부정적 전망은 위험하며 실행력만 떨어뜨린다. 그러나 부정적 결과로 귀결되는 과정을 조목조목 살피다보면 생각지도 않았던 길이 눈에 보이기 시작한다. 미래 예측은 하면 할수록 실력이 향상된다. 마치 체육관에서 근력운동을 하면 몸이 단단해지듯 예측도 지속하면 예측력이 높아진다.

예측력이 높아진다는 것은 무슨 뜻일까. 고영건은 "사람들은 미래에 자신에게 일어나는 것이 자명한 일들조차 사전에 대비하지 않는 경향이 있다"고 말한다. 그러다가 막상 문제를 마주하면 당황해서 자기 실력에 미치지 못하는 결과를 낸다. 고영건은 "이런 맥락에서 예상은 누구라도 능히 해낼 수 있는 것이지만, 현실적으로 실천하면서 살아가는 사람은 매우 드문 적응기제"라고 주장한다.*

아이젠하워도 예상을 능숙하게 사용하지는 못했다. 전쟁 중에 다음 날 공격을 개시할지 여부를 결정할 때 불안감에 시달렸다. 그런 탓에 그는 합리적으로 판단하는 능력과 자신감을 잃기도 했다. 특히 젊어서부터 크론병 때문에 스트레스를 받으면 심한 복통과 하루 20회가 넘는 설사, 고열 증상으로 힘들어했다.

하지만 아이젠하워는 다음 날 겪게 될 불안, 긴장, 부담감 등 정서적 고통을 전날 밤에 하나씩 짚어보는 것으로 위기 상황에 대처하는 자신만의 방법을 터득했다. 미래 예상이라는 긍정적인 적응기제를 사용한 것이다. 조만간 겪을 정서적 고통을 하루 앞

---

* 고영건. (2015년 11월 6일자). 아이젠하워 리더십의 비밀. 매일경제.

당겨 경험하면 신기하게도 마치 면역이 생긴 것처럼 그는 다음 날 어떤 문제에 직면해도 정서적으로 흔들리지 않는 모습을 보일 수 있었다.

'부정적 전망'과 '잘못된 전망'의 차이

　미래를 부정적으로 보는 시각이 지배적으로 된 것은 언제부터일까. 독일 브레멘대학의 우베 쉬만크 사회학과 교수는 저서 『현대사회를 진단한다』에서 "(세계는) 1980년대 초부터 명백하게 더 갈등적이고, 냉랭하며, 불안해졌고, 또한 풍요와 복지의 자리에는 궁핍과 위험이 모습을 드러냈다"며 "무엇보다 낙관적인 미래에 대한 기대가 오히려 비관적으로 물들어버린 미래에 굴복했다"고 진단했다.* 이는 독일, 프랑스, 영국, 미국 등 세계에서 가장 고도로 발전한 국가에서 더 뚜렷이 목격되는 현상이다.

　1986년 우크라이나 체르노빌 원자력발전소 4호기에서 폭발이

---

* 　우베 쉬만크, 우테 폴크만 엮음. (2011). 『현대사회를 진단한다: 사회진단의 사회학』. 김기범 외 옮김. 논형. 13쪽.

일어났다. 그때 울리히 벡은 막 『위험사회』라는 책을 탈고해 세상에 내놓으려 했다. 벡은 산업사회가 발전하면 결국 피할 수 없이 새로운 사회를 맞게 된다고 봤고, 그 사회를 '위험사회'라고 불렀다. 풍요와 편리를 약속했던 산업화가 스스로 통제하지 못하는 위험을 만들어낸다는 것이다. 우테 폴크만도 비슷한 진단을 내렸다. 산업사회가 발전하는 과정에서 위험사회는 어쩔 수 없이 나타난다고 했다.

미국의 심리학자 마틴 셀리그먼과 앤 마리 롭케는 인간의 지능은 '전망'이 핵심 기능이라며 『호모 프로스펙투스』라는 책을 펴냈다. 이들 심리학자는 세상과 자아, 미래에 대한 부정적 관점이 있다면 우선은 마음이 우울하겠지만, '그렇다면 다른 길도 있지 않을까'라며 미래를 전망하면 "회복과 탄력성을 증진시킬 수 있다"고 강조한다. 앞서 하버드대학의 종단 연구에서 증명했던 적응기제인 '예상'의 긍정적 측면을 강조한 것으로 볼 수 있다.

그런데 이들은 우울을 '전망 장애'로 진단하면서 한발 더 나아가 '부정적 전망'과 '잘못된 전망'을 비교한다. 부정적 전망은 원치 않는 미래에 대한 표상이지만, 이렇게 전망하는 것은 자연스럽고 때로 유용하다는 것이다. 앞서 우리가 논의했듯, 미래는 불확실하고 불안하며 이런 감정이 미래를 부정적으로 보게 하지만 그건 정상이라고 말한 것과 일치한다.

반면 '잘못된 전망'은 피해야 한다. 이는 '기능 장애적' 전망으로 문제 상황을 돌파할 새로운 행동을 막아선다. 미래는 어떤 노력으로도 바꿀 수 없다고 믿으며 상황이 더 악화되리라 내다보는 것이 전형적인 '잘못된 전망'이다. 그것의 결과는 우울과 좌절이며 심해지면 극단적 선택으로 이어진다. 단언할 수 없고 그래서도 안 되지만 나는 극단적인 선택으로 목숨을 버리는 사람들이 잘못된 전망에 빠졌을 가능성이 크다고 본다. 상황을 돌파하기 위해 수많은 미래 시뮬레이션을 해봤을 것이고, 그 결과 벗어날 길이 없다고 판단했을 것이다.

예상을 통해 부정적 미래를 전망하는 것은 중요하다. 이는 매우 생산적인 활동이다. 울리히 벡은 『정치의 재발견』이라는 책에서 위험을 직시하는 것만으로도 각종 도전에 대응하여 사람을 동원하고 동기 유발을 하는 것이 가능하다고 강조한다. 그는 사회를 압박할 미래 사건을 예측한다면 정치적으로 새로운 결속과 연합의 형태를 만들 수 있으며, 이를 통해 사회 통합이 가능하다고 보았다. 벡은 위험을 극복하려면 전체를 조망해야 하며, 모든 경계를 넘어서는 협동을 이뤄내야 한다고 주장한다. 위험사회는 탈기능, 분화, 새로운 연결망 등 낯설지만 도전적인 시도를 시민들에게 요구한다고 강조한다.

이처럼 미래 예측의 중요한 쓸모는 '조기 경보의 유용성'에 있다. 이미 위험한 상황이라면 경고는 필요 없다. 이때는 민첩하고 빠른 행동이 필요하다. 당장 지진이 일어났다면 안전한 곳으로 대피하는 것이 우선이다. 그러나 위험한 상황이 다가오고 있을 때는 어떻게 해야 할까. 아직은 체감하지 못하는 그런 위험, 마치 서서히 끓는 물에 있는 개구리처럼 느낌은 서늘한데 죽는다고 생각하지 못하는 그런 위험 말이다.

그런 위험을 '느린 위험'이라고 부른다. 대표적인 예가 기후변화다. 지구 평균 온도가 산업화 이전과 비교해 서서히 섭씨 1.5도 높아지고, 2도, 3도를 넘을 수 있다는 예측이 나오고 있다. 2023년 기후변화에 관한 정부간 협의체의 제6차 평가보고서 결론은 '2040년 섭씨 1.5도 상승'이었다. 안토니우 구테흐스 UN 사무총장은 "10년 안에 인류의 온실가스 배출량을 절반으로 줄이지 못하면 기후위기를 막을 기회를 놓친다"고 경고했다. 섭씨 1.5도 상승하면 가뭄과 폭우가 2배 증가하고, 섭씨 2도 상승하면 54퍼센트의 생물종이 멸종된다. 더위와 가뭄으로 전 세계 7억 명은 극한의 빈곤으로 내몰리며 코로나19 같은 감염병 빈발에 따라 위험해진다.

심지어 세계기상기구WMO는 2027년까지 1년에 한 번꼴로 섭씨 1.5도 상승할 확률이 66퍼센트에 달할 것으로 예측했다. 실제로 2023년 전 세계는 86일 동안 섭씨 1.5도 상승을 경험한 바 있다.* 섭씨 1.5도는 2016년 전 세계가 모여 파리기후변화협약을 체결할 때 지구 온도의 상승 한계치로 정한 온도. 이 수치를 넘지 않기 위해 각국이 온실가스 감축 목표를 정했다. 한계치가 깨진다는 것의 의미는 우리 일상에서 해마다 더 더운 날을 맞이

---

* https://m.dongascience.com/news.php?idx=61917

하리라는 것이다.

위험이 눈앞에 닥치면 인간은 새롭게 행동한다. 그러나 서서히 진행되는 위험 앞에서는 기존 습관을 유지하려 한다. 아직은 '관觀'을 보지 못해서 그렇다. 내 일이 아니라고 생각하기 때문이다. 지독하게 현재라는 시간에 갇혀 있어서 그렇다. 좀더 멀리 내다본다면 분명 나에게 닥칠 위험이라고 지각할 텐데 우리는 그러지 못한다.

지금까지 논의한 것을 요약해보자. 미래는 계획대로 되지 않는다. 그래서 늘 불안하다. 불안함은 우리를 우울하게 하거나 무력하게 만들 수 있다. 이는 미래가 갖는 속성인데, 사람에 따라 불안한 미래에 대응하는 방법에는 차이가 있다. 성공하는 사람들은 예상, 유머, 예술적 승화, 억제 같은 성숙한 적응기제를 자주 활용한다. 이 중에서 예상은 훈련하기 쉽지 않지만, 적극적으로 활용해야 할 역량이다. 예상을 통해 부정적 미래가 전망되어도 지속해야 한다. 그러다보면 전에는 생각지 못했던 돌파구가 보인다. 혹은 적어도 불안한 미래를 참아낼 정신력을 향상시킬 수 있다. 미래 예측을 멈추지 않고 일상화하는 것이 필요하다. 예측은 하면 할수록 능숙해지기 때문이다.

그렇지만 현실에서 우리는 예측하는 방법을 배울 기회가 없다. 학교에서 과거를 다룬 역사는 공부한 적이 있지만, 미래를 다룬 과목은 배운 적이 없을 것이다. TV를 틀어도 99퍼센트의 프로그램은 한국사, 세계사 같은 과거 얘기뿐이다. 물론 과거를 알아야 현재 사회를 이해할 수 있고, 그 바탕에서 미래를 전망할 수 있다. 그래서 역사는 현재의 시각에서 과거뿐 아니라 미래와의 대화라고 한다.

   나는 이 말이 옳다고 생각하지만, 다른 한편으로는 매우 추상적이라고 본다. 역사를 이해하면서 현실에서 새로운 미래를 만들어가는 이론과 방법론은 거의 없을 뿐 아니라 현재 진행되는 여러 변화의 동인을 확인하고 전개 과정을 열린 마음과 합리적인 분석 방법으로 예측하는 기회는 더욱 찾아보기 어렵기 때문이다.

미래 연습
예상하는 역량 향상시키기

프로그램 목표

미래는 계획대로 되지 않는다는 사실을 몸으로 경험한다. 좌절과 불안 속에서 성숙한 적응기제 anticipation(유머, 승화 등)를 훈련한다. 부정적 전망을 단순한 절망이 아니라 새로운 가능성을 찾는 자원으로 전환한다.

1. 오프닝: "내가 틀린 예측"(10분)

사회자가 질문한다: "최근에 계획대로 되지 않은 경험이 있나요?" "그때 어떤 기분이 들었나요?" 참가자 2~3명이 짧게 나눈다.
- 핵심: 불확실성은 누구에게나 보편적이라는 사실 확인.

2. 하버드 연구 스토리텔링&자기 진단(20분)

진행자가 하버드대 연구인 방어기제와 적응기제의 차이를 짧게 소개한다. 참가자들에게 간단한 자기 진단 질문지를 제공한다. 예: "나는 스트레스 상황에서 유머를 사용하는가?" "나는 미래의 일을 미리 상상해보는가?" 참가자들이 스스로 답한 뒤 그룹에서 가볍게 공유.

- 포인트: 내가 주로 어떤 적응기제를 사용하는지 자각.

3. 인캐스팅: "미래 속으로 들어가기"(30분)

- 활동: 참가자들에게 미래 상황 카드를 제공한다. 예: 기후재난, 신종 감염병, 조직 내 구조조정, 뜻밖의 기회 등. 각자 선택한 상황 속에 자신을 던져 넣고incasting, 그 미래에서 내가 느낄 감정, 주변의 반응, 내가 취할 행동을 글이나 그림으로 표현한다. 그룹에서 공유.
- 포인트: 예상은 머리로 하는 게 아니라 감정까지 미리 경험하는 훈련임을 체감.

4. 백캐스팅: "뒤에서 앞으로"(30분)

- 활동: 각자 인캐스팅에서 경험한 가장 불편하거나 두려운 장면을 골라본다. 그 미래에서 현재로 거슬러오면서 "무엇이 필요했는가?"를 단계별로 적는다. 예: 기후재난→공동체 대비책→정책 변화→지금 내가 할 수 있는 작은 행동. 그룹에서 서로의 로

드맵을 점검하며 보완한다.
- 포인트: 부정적 전망이 무력감이 아니라 새로운 행동의 출발점이 됨을 경험.

5. 아이젠하워 실습: "최악의 경우 상상하기"(20분)

사회자가 노르망디 상륙작전 당시 아이젠하워는 패전까지 시뮬레이션했던 습관을 공유한다.
- 활동: 각자 지금 자신의 삶이나 조직에서 최악의 경우를 하나 적는다. 그 상황에서 돌파구를 최소 두 개 이상 찾는다.
- 포인트: 부정적 전망도 준비하면 담대해질 수 있음을 실감.

6. 마무리: 성숙한 적응기제로서의 예상(10분)

진행자가 정리한다. "성공한 사람들은 어려움이 닥쳤을 때 예상, 유머, 승화 같은 성숙한 적응기제를 더 자주 활용했습니다." "예상은 불확실한 미래를 피하지 않고 정면으로 마주하면서, 그 안에서 길을 찾는 힘입니다." 참가자 각자가 오늘 얻은 통찰을 앞으로 내가 시도하고 싶은 작은 예측 습관으로 기록해 공유한다.

핵심 메시지

미래는 계획대로 되지 않는다. 하지만 예상을 훈련하면, 좌절을 기회로, 불안을 담대함으로 바꿀 수 있다. 예측은 심리적 근육을 키우는 작업이다. 반복할수록 더 강해진다.

6장

돌발 상황도 예측할 수 있나요?

그날의 계획은 완벽했는데……

1986년 1월 28일, 미국 플로리다의 케이프커내버럴 기지. 수많은 기자와 관중이 발사대를 둘러싸고 있었다. 이날 이뤄지는 것은 단순한 우주선 발사가 아니었다. 역사상 최초로 민간인 교사였던 크리스타 매콜리프가 탑승한 우주왕복선 챌린저호가 하늘로 솟아오를 예정이었기 때문이다. 미 항공우주국NASA은 이를 교육과 과학기술의 결합이라며 홍보했고, 백악관은 미국의 미래 비전을 상징하는 쇼케이스로 적극 지원했다.

기술자들은 전날 밤늦게까지 점검을 반복했다. 발사 통제센터는 모든 시스템이 정상이라는 보고를 여섯 차례나 되풀이했다. 전국의 방송국들은 생중계를 준비했고, 아이들은 학교 강당에 모여 "우리와 같은 선생님이 우주에 간다"는 역사적 장면을 지켜보려 했다.

그러나 이륙 73초 뒤, 챌린저호는 불덩어리로 변해 산산조각 났다. 조종사 7명 전원은 목숨을 잃었다. 미국은 충격에 빠졌다. 언론은 '국민적 비극'이라 불렀고, 레이건 대통령은 담화를 통해 "이날은 우리 희망이 하늘에서 사라진 날"이라고 말했다.

겉보기에 이 사건은 예측 불가능한 참사였다. 하지만 시간이 흐른 뒤 조사는 전혀 다른 그림을 보여주었다. 사고 원인은 고무 패킹의 결함이었다. 발사 당시 이례적으로 기온이 낮아 고무가 경직되었고, 작은 틈으로 새어나온 고온의 가스가 연료통을 폭발시켰다. 사실 이 위험은 내부에서 이미 여러 번 경고되었다. 일부 기술자는 발사 전날까지 "오늘 같은 날씨에 발사하면 위험하다"는 보고서를 냈다. 하지만 발사 일정은 정치적, 상징적 의미가 너무 컸다. 수백 번의 모의실험과 수많은 점검 기록에 안도하던 NASA는, 불확실한 리스크를 끝내 '무시해도 되는 잡음'으로 취급했다.

이 지점에서 중요한 질문이 떠오른다. "과연 돌발 상황은 진짜로 돌발이었을까? 아니면 우리가 미리 감지했지만 외면한 신호였을까?" 예측은 '가능성의 관리'다. 챌린저호 사건은 우리에게 두 가지 사실을 일깨운다. 첫째, 완벽한 계획이란 없다. 모든 시스템이 정상으로 보일 때조차 작은 결함은 언제든 재앙으로 이어질 수 있다. 둘째, 돌발 상황을 예측한다는 것은 사건 자체를 '정확히 맞힌다'는 의미가 아니다. 대신 가능성의 분포를 인식하고, 약한 신호를 무시하지 않는 것이다.

　NASA는 불확실성 자체를 간과했다기보다, 그 불확실성을 조직적으로 외면한 태도에 문제가 있었다. 기술자들의 불편한 보고는 "이번만은 괜찮겠지"라는 낙관주의에 묻혀버렸다. 결국 챌린저호 폭발은 돌발 상황이라기보다, 돌발을 '예측 불가능'이라고 착각한 결과였다.

　이 사건은 우주 탐사라는 거대한 사건에만 국한되지 않는다. 우리 삶 곳곳에 비슷한 패턴이 숨어 있다. 회사에서 "이번 프로젝트는 문제없어"라고 하지만 작은 불협화음이 쌓여 결국 큰 실패로 이어진다. 가정에서도 "우리 가족은 그런 문제랑 거리가 멀어"라고 장담하지만, 어느 날 누적된 갈등이 폭발한다. 사회에서도 "위기는 오지 않을 것"이라고 하지만 기후위기, 전염병, 금융 불안은 경고를 무시한 대가로 찾아온다. 돌발 상황은 대부분 '아무도 몰랐던 사건'이 아니라, 누군가는 이미 감지했지만 대세에 눌려 사라진, 간과한 신호다. 그렇다면 돌발 상황을 예측한다는 의미는 사소한 이상 징후를 진지하게 받아들이는 태도에서 출발한다.

　아이젠하워는 노르망디 상륙작전 전날, '만약 작전이 실패한다면'이라는 발표문을 직접 써두었다. 최악의 상황을 미리 써본다는 건, 불안을 방치하지 않고 통제 가능한 범위로 끌어내는 훈련이다. 챌린저호의 기술자들은 분명히 위험을 감지했다. 하지만 조직은 이를 무시했다. 우리도 일상에서 작은 변화나 이상 징후를 가볍게 넘기곤 한다. 예측이란 작은 신호를 무시하지 않는 습관에서 시작된다. 많은 사람이 "괜찮다"고 말할수록 의심해야 한다. 집단적 낙관주의는 돌발 상황의 가장 큰 동맹이다. 돌발 상황은 대체로 모두가 안심한 순간에 찾아온다.

돌발 상황을 피하기는 어려워도 대비하는 것은 가능하다. 우리는 종종 돌발 상황을 '완전히 막을 수 없는 불운'이라 여긴다. 물론 모든 사건을 예측할 순 없다. 하지만 대비 없는 무방비 상태와 최악의 가능성을 염두에 둔 상태 사이에는 결정적인 차이가 있다.

챌린저호 참사가 준 교훈은 돌발 상황을 예측할 수 없다고 말하는 순간 우리는 예측력을 잃는다는 점이다. 돌발을 완벽히 막을 수는 없지만, 불확실성을 인정하고 작은 신호를 존중하며 최악의 가능성까지 시뮬레이션하는 태도는 피해를 줄이고, 회복을 빠르게 한다. 챌린저호 사건은 매일 우리가 직면하는 돌발 상황의 은유다. 중요한 회의에서 돌발적으로 터지는 갈등, 예기치 못한 건강 문제, 계획대로 되지 않는 프로젝트, 갑작스러운 사회적 위기. 이 모든 돌발 상황 앞에서 이건 어쩔 수 없는 일이라고 말하는 순간 우리는 대응력을 잃는다. 하지만 언제든 돌발은 일어날 수 있다는 태도로 준비한다면 충격은 줄고 회복은 빨라진다. 챌린저호 폭발은 우리에게 불편한 질문을 던진다. "당신의 삶과 조직에서 지금 외면하고 있는 작은 신호는 무엇인가?"

붕괴라는 돌발 상황

우리는 돌발 상황을 흔히 '갑자기 떨어진 벼락'처럼 이해한다. 하지만 실제로는 그렇지 않다. 챌린저호 사고도, 금융위기도, 팬데믹도 모두 과거의 축적이 만들어낸 불시착이었다. 위험 신호는 이미 존재했지만, 외면되었을 뿐이다.

돌발 상황은 순간적으로 발생하지만 동시에 누적된 결과임을 이해해야 한다. 그래서 돌발 상황의 예측은 어렵지만, 불가능하진 않다. 신호를 읽어내고 그 의미를 직시하는 훈련을 꾸준히 한다면, 돌발 상황은 예측 가능한 불확실성으로 바뀐다.

이제 시선을 우리 사회로 옮겨보자. 최근 몇 년간 가장 많이 회자된 키워드는 '저출산' '기후위기' '붕괴'다. 언론은 매번 출산율 최저 기록을 경신하는 우리 사회의 상황을 국가 비상사태라고 규정한다. 그러나 정작 붕괴를 전망하는 방식은 놀라울 정도로 단순하다. '성장하지 않으면 붕괴'라는 이분법이다. 성장과 붕괴 사이의 중간도 없고, 창조적 변형도 없다.

문제는 바로 여기에 있다. 우리 사회는 붕괴를 그저 성장의 반대말 정도로만 쓴다. 실제로 붕괴가 어떤 경로로 나타나고, 사회 구조와 개인의 삶을 어떻게 바꾸는지 구체적인 상상은 거의 하지 않는다. 그러니 대비도 전략도 빈약하다.

기업의 세계를 보자. 많은 기업이 기존 주력 제품과 서비스가 사라진다면 어떤 대안이 있을지 끊임없이 탐색한다. 혁신의 씨앗은 기존 사업이 기울고 있음을 인정하는 데서 발아한다. 그런데 국가와 사회는 붕괴 가능성을 진지하게 탐색하지 않는다. 과거의 성장 방정식에 매달린 채 효율성 강화와 비용 절감이라는 처방만 반복한다.

결국 붕괴 대비를 외면한 사회는 근시안적 선택으로 몰린다. 기업 활동은 수도권에만 집중되고, 인공지능 로봇이 사람을 대체하는 공장이 늘어나며, 기후 대응은 우선순위에서 밀려난다. 당장의 이익만 좇다보니 장기적 위험에 대한 면역력은 퇴화된다.

돌발 상황은 피한다고 해서 사라지지 않는다. 오히려 회피할수록 더 거대한 충격으로 되돌아온다. 그러므로 우리는 지금이야말로 사회의 붕괴를 진지하게 전망해야 한다.

돌발 상황으로서의 붕괴는 단순한 부정적 전망이 아니다. 그것은 오히려 사회 혁신을 촉발하는 계기가 될 수 있다. 예컨대 청년 인구 감소는 기업에 인재 확보의 위기를 가져오겠지만, 동시에 임금체계 개편, 정년 제도 변화, 세대 간 협력 같은 새로운 제도의 필요성을 강하게 요구한다. 기후위기는 지구적 재앙이지만, 동시에 에너지 전환, 농업 혁신, 도시 재설계의 기회를 열 수 있다. 즉 돌발 상황 대비는 단순한 '위험 회피'가 아니라, 미래를 다시 설계하는 창조적 행위다. 붕괴를 외면하지 않고 정직하게 마주하는 순간, 우리는 혁신의 출발점에 선다.

만약 평소에 최악의 경우를 한번쯤 가정해본다면 어떨까? 불안은 커지지만, 동시에 대응의 힘도 생긴다. 예측이란 가능한 경로를 미리 상상해보고, 그 과정에서 새로운 길을 발견하는 것이다. 돌발 상황은 예고 없이 오지만, 언제나 그 전조는 있다. 그것을 직시하느냐, 외면하느냐가 우리 미래를 갈라놓는다. 위기를 예측함으로써 우리는 더 단단하고 창조적인 미래를 준비할 수 있다.

조용히 다가오는 파열음

 앞서 챌린저호 폭발처럼 순식간에 일상을 무너뜨리는 사건을 살펴보았다. 물론 모든 미래가 이렇게 갑자기 폭발하며 다가오는 것은 아니다. 어떤 미래는 오히려 조용히, 서서히 다가온다. 그때 사람들은 잘 눈치채지 못한다. 비유하자면 지진이 발생하기 전에 쌓여가는 미세한 균열처럼 사회 곳곳에는 이미 파열음이 울리고 있다. 미래학에서는 이를 설명하는 개념으로 이머징 이슈emerging issue를 든다.

 돌발 변수가 한순간의 폭발이라면, 이머징 이슈는 '천천히 진행되는 균열'이다. 돌발 변수는 불시에 우리를 덮치지만, 이머징 이슈는 오래전부터 신호를 보낸다. 문제는 그 신호가 너무 미약하거나, 사회가 이를 의도적으로 무시한다는 데 있다.

국제 학술 문헌에서 이머징 이슈라는 표현이 본격적으로 쓰이기 시작한 것은 1980년대다(박성원 외, 2021). 학자들은 이 단어를 "미래 사회가 직면할 문제를 경고하는 신호나 은유"로 사용했다. 1980년대 학자들은 기술 발전의 부작용, 새로운 국제 분쟁, 기업 경영의 위기, 환경오염 등을 이머징 이슈로 언급했다. 1990년대에는 세계화로 인한 가족 해체, 지방정부의 재정 위기, 다문화 사회에서 요구되는 새로운 의료 윤리가 이머징 이슈로 등장했다. 2000년대 들어서는 베이비부머 세대의 은퇴와 연금 문제, 감정노동자의 번아웃, 사이버 불링이 주요 이슈로 떠올랐다. 최근에는 해양 생태계 파괴, 미세 플라스틱 등 전 지구적 차원의 위협이 이머징 이슈로 주목받고 있다.

이머징 이슈의 공통점은 당장은 크게 보이지 않지만, 장차 사회를 뒤흔들 파급력을 갖는다는 것이다. 마치 저 멀리서 점점 크게 다가오는 파도와 같다. 문제는 이머징 이슈가 학자나 연구자들 사이에서는 논의되지만 정책의 영역으로는 올라가지 못한다데 있다. 왜냐하면 정책가들은 늘 확실한 데이터와 증거를 요구하기 때문이다.

핀란드의 학자 콘놀라 등이 2011년에 지적했듯이, 아직 중요성이 입증되지 않은 이머징 이슈를 논할 때는 정책가들을 참여시키기 어렵다.* "아직 현실에서 큰 문제가 아닌데 왜 지금 논의

---

* Konnola et. al. (2011) *Foresight tackling societal challenges: Impacts and implications on policy-making*. Futures, 43: 252-264.

해야 하지?"라는 반문이 돌아오기 때문이다.

하지만 여기에는 함정이 있다. 우리가 어떤 문제를 '이머징 이슈'라고 부를 수 있는 이유는 그것이 이미 사회구조 안에서 균열을 드러내고 있기 때문이다. 지금은 작은 금이라 하더라도, 그 틈이 커졌을 때는 이미 늦었다. 돌발 변수와 달리 이머징 이슈는 사회의 심층 구조를 드러내는 파열음이다.

이머징 이슈를 단순히 미래에 올 문제로만 본다면 연구자는 그것이 실제로 발생할 때까지 기다릴 수밖에 없다. 이것은 미래 연구를 실증주의의 함정에 빠뜨린다. 그래서 우리는 이머징 이슈를 현재 사회의 구조적 문제를 드러내는 파열음으로 새롭게 정의할 필요가 있다. 파열음은 단순한 징조가 아니다. 그것은 이미 변화가 시작되었음을 보여주는 신호다.

예를 들어 한국 사회의 초저출산 문제를 생각해보자. 출산율 저하는 단순히 미래의 인구 감소라는 수치상의 문제가 아니다. 이미 노동시장의 불안정, 성별 불평등, 주거비 부담, 가족 제도의 경직성 등 사회구조적 문제를 드러낸다. 지금 이 파열음을 듣지 못하면 어느 순간 '돌발적 인구 붕괴'라는 변수에 맞닥뜨릴 수 있다.

전통적으로 이머징 이슈를 탐지하는 방법에는 환경 스캐닝, 전문가 델파이 조사, 미래 워크숍 등이 있다. 그러나 이 방법들은 신호를 포착하더라도 그 이슈가 어떤 구조적 맥락에서 비롯된 것인지를 깊이 들여다보지 못한다는 한계가 있다. 최근에는 인공지능과 빅데이터 분석을 활용해 학술 문헌이나 소셜미디어에서 떠오르는 단어(이머징 키워드)를 탐색하는 시도가 늘고 있다. 예컨대 '디지털 민주주의' '순환경제' 같은 키워드는 향후 주요 이슈로 발전할 가능성을 보여준다. 하지만 단어 자체는 그저 신호일 뿐이다. 이것을 사회적 맥락 속에서 해석해야 비로소 사회적 의제가 된다. 엑스레이 사진만으로는 질환을 알 수 없고 의사의 해석이 필요하듯, 이머징 키워드 역시 전문가들의 해석과 토론을 필요로 한다. 이 과정을 통해 단어는 사회적 의미를 획득하고, 정책적 대응으로 이어진다.

이머징 이슈 개념은 개인의 삶에도 적용된다. 건강검진에서 나온 미세한 이상 수치가 지금은 별것 아니어도 미래에는 큰 질병으로 불거질 수 있다. 직장에서 반복되는 작은 갈등도 사소해 보이지만 조직문화 붕괴로 이어질 수 있다. 가정 내 대화 단절은 당장은 문제가 없더라도 미래에는 돌이킬 수 없는 관계의 파열로 나아갈 수 있다.

이머징 이슈를 인식한다는 것은 미래의 돌발 변수를 줄이는 가장 효과적인 방법이다. 작은 파열음을 들을 수 있는 귀, 그리고 그것을 의제로 올릴 용기를 갖는 것, 이것이야말로 미래 연습의 중요한 훈련이다.

돌발 변수와 이머징 이슈는 서로 다른 얼굴의 미래다. 돌발 변수는 순간적인 충격으로 우리를 시험하지만, 이머징 이슈는 서서히 균열을 키워오다 어느 순간 사회를 전환점으로 몰아넣는다. 따라서 우리는 미래 연습에서 두 가지 모두를 다뤄야 한다. 돌발 변수 대응을 통해 회복력을 기르고, 이머징 이슈 탐지를 통해 선제적 혁신을 준비해야 한다. 파열음에 귀 기울이는 사회만이 미래의 붕괴를 피하고, 위기를 혁신의 기회로 바꿀 수 있다.

앞서 우리는 이머징 이슈가 돌발 변수와는 다른 성격을 가진다고 설명했다. 돌발 변수가 순간적인 폭발처럼 닥쳐오는 사건이라면, 이머징 이슈는 이미 사회 깊숙이 스며 있는 균열의 신호다. 이때 중요한 질문은 다음과 같다. 그 균열을 어떻게 찾아낼 것인가?

이머징 이슈 연구는 몇 가지 전제하에 출발한다. 우선 연구자는 내일이 어제나 오늘과 다를 것이라고 가정한다. 여기서 내일은 단순히 하루 뒤가 아니라 최소 5년 이상 이후의 미래를 뜻한다. 달라지는 양태는 표면적 변화가 아니라 질적·구조적 변화로 이해한다. 단순한 유행이나 사건의 증가는 이머징 이슈가 아니다. 사회의 기반을 흔드는 징조여야 한다.

질적·구조적 변화는 과거의 갈등, 대립, 고통이 새롭게 등장한 조건과 결합해 발생한다. 즉 완전히 새로 등장하는 문제가 아니라 누적된 문제가 현재의 환경과 맞물리며 수면 위로 떠오른다. 예를 들어 기후위기는 새로운 사건이 아니다. 이미 산업혁명 이후 누적된 온실가스의 결과가 21세기 초 글로벌 경제·정치 구조와 결합되면서 지금의 파열음을 내고 있다.

이머징 이슈는 융복합적이고 불확실성이 높으며, 아직 대중적 의제가 되지 않았지만, 공공 의제로 제기된다면 현재와 미래 세대를 위한 건설적 행동을 불러올 수 있는 문제다. 지금은 희미한 파열음 같지만, 이걸 듣고 대비하면 사회 혁신의 기회를 맞을 수 있다.

미래 연습
돌발 상황과 이머징 이슈 다루기

프로그램 목표

돌발 상황의 예측 불가능성과 대비 가능성을 이해한다.
이머징 이슈(조용히 다가오는 파열음)를 탐지하고 해석하는 훈련을 한다.
개인과 조직 차원에서 회복력과 선제적 혁신 능력을 기른다.

전체 구성(반나절 워크숍, 3~4시간)

1부 돌발 상황의 충격 이해하기(60분)

- 스토리 세션

사례 제시: 챌린저호 폭발 사건(1986). 영상 자료나 신문 기사 요약을 보여준다.

- 토론 질문: 이 사건은 정말로 예측 불가능했을까? 사전 경고가 무시된 이유는 무엇일까?(조직 문화, 정치적 압력, 집단적 낙관주의 등)
- 실습 − 나의 돌발 상황 돌아보기

참가자들은 최근 1년 동안 겪었던 '작은 돌발 상황'을 포스트잇에 적는다. 예: "온라인 회의 중 서버가 다운되었다" "중요한 발표 날 갑자기 팀원이 결근했다"

- 팀별 공유: 사전에 감지할 수 있었던 작은 신호는 없었는지 되돌아본다.
- 학습 포인트: 돌발 상황은 불시에 오지만, 약한 신호는 이미 존재하고 있었다는 점을 이해한다.

2부 이머징 이슈 탐색 훈련(90분)

- 이머징 이슈 연구의 기본 가정 이해: 미래는 지금과 다르다. 변화는 단순한 양적 증가가 아니라 질적·구조적 전환이다. 새로운 조건은 과거의 갈등과 결합해 새로운 문제를 만든다. 이머징 이슈는 수면 위로 막 떠오르는 파열음이다.
- 실습 1 − 환경 스캐닝(30분)

자료 제공: 최근 신문 기사 헤드라인, 정책 보고서 요약, 소셜미

디어 트렌드 키워드

과제: 단순한 유행이 아니라 사회구조적 파열을 드러내는 이슈를 골라낸다. 예: "고립사 증가" "AI 면접 확산" "청년층의 소비절벽" "기후 난민 증가"

- 실습 2 — 파열음 해석하기(30분)

팀별 토론 프레임: 이 이슈는 어떤 과거 갈등·문제와 연결되는가? 어떤 새로운 조건(기술, 제도, 문화, 환경)과 결합하고 있는가? 지금은 작은 파열음 같지만, 5~10년 뒤 어떤 구조적 변화를 일으킬 수 있는가?

- 팀별 발표: 우리가 발견한 이머징 이슈와 그 파급력
- 학습 포인트: 이머징 이슈는 데이터로 완전히 증명되기 전에도 존재하며, 사회구조의 약한 균열을 드러내는 신호다.

3부 예측에서 대비로: 미래 시뮬레이션(60분)

- 실습 — 시나리오 스케치: 각 팀은 두 가지 시나리오를 작성한다.

시나리오 1: 대응하지 않았을 경우의 미래(부정적 시나리오)로, 고립사 증가 이슈를 방치하면 2030년 1인 가구의 사회적 비용 폭증, 지역 커뮤니티 붕괴.

시나리오 2: 선제적으로 대응했을 경우의 미래(창조적 시나리오)로, 고립사 증가에 조기 대응한 결과 마을 돌봄 네트워크 제도화, 고립사 예방 플랫폼 산업 등장.

각 팀은 자신들의 시나리오를 공유하고, 참가자 전원이 가장 현

실적이면서도 도전적인 대비책은 무엇인지에 대해 토론한다.

4부 나와 조직의 행동 선언(30분)

- 개인 성찰: "내가 지금 외면하고 있는 작은 신호는 무엇인가?" 참가자 각자 답변을 기록한다.
- 행동 선언 카드 작성: 앞으로 6개월 안에 내가 취할 수 있는 구체적인 행동 한 가지를 적고, 팀과 공유한다. 예: "매주 팀 회의에서 '약한 신호' 코너를 만들겠다" "조직에서 고립 위험군 직원을 지원하는 파일럿 프로그램을 제안하겠다"
- 마무리 메시지: "돌발 상황은 줄일 수 없지만, 대비의 태도는 선택할 수 있다."

프로그램 기대 효과

인지적 전환: 돌발 상황은 불운이 아니라, 신호를 무시한 결과일 수 있다는 깨달음.

기술적 훈련: 이머징 이슈 탐지 기법(환경 스캐닝, 신호 해석, 시나리오 작성) 습득.

조직 문화적 효과: 팀 차원에서 약한 신호를 경시하지 않고 토론하는 습관 형성.

개인적 성장: 작은 파열음을 듣는 귀를 기르는 훈련.

7장

그래서 미래 예측으로 뭐가 바뀌는데요?

호놀룰루에서 만난 미래

나는 늘 예측이라는 단어에 매료되었다. 기자 시절에도 사건이 발생한 후 그것을 기록하는 것보다 그 사건이 어디에서 비롯되었고 앞으로 무엇을 남길지를 묻는 일이 더 흥미로웠다. 그러나 신문사에서의 일은 나를 과거에만 붙들어두었다. 늘 벌어진 일을 다루어야 했고, 독자에게는 이미 지나간 이야기를 제공해야 했다. 그 답답함이 나를 30대 중반에 하와이로 이끌었다. 미래학을 배우러 떠난 것이다. 당시 내게는 그것이 탈출이자 전환이었고, 동시에 아직 보이지 않는 내 삶의 경로를 예측하려는 선택이었다.

40대 초반 한국으로 돌아와 공공연구기관에서 연구원으로 일하며, 나는 국가 정책과 사회 변화를 미래의 언어로 해석하는 일을 했다. 과학기술정책연구원과 국회미래연구원에서 보낸 시간은 안정적이었고, 지위를 보장해주었다. 그러나 나는 안정 속에 감춰진 위기를 감지했다. 미래학자로서 스스로 내 직업의 미래를 예측하지 않을 수 없었다. 그리고 그 예측은 불편한 결론을 가리켰다.

  2025년 2월, 결국 사표를 냈다. 사람들은 놀랐고, 걱정했다. 왜 안정된 연구직을 버리고 예측할 수 없는 창업의 길을 가느냐는 질문이 쏟아졌다. 그러나 내게는 이미 답이 있었다. 멀리 미래를 내다보니 연구원으로 머무는 길보다 창업을 택하는 길이 더 나으리라 판단된 것이다. 연구자로서의 안정은 장기적 관점에서 볼 때 위험했다. 내가 가장 잘 아는 도구, 바로 미래 예측이 알려준 사실이다.

  특히 인공지능의 부상은 연구원이라는 직업군의 기반을 흔들고 있었다. 나는 누구보다 먼저 그것을 인정할 수밖에 없었다. 물론 일부 연구자는 인공지능을 잘 활용해 이전보다 더 창의적이고 효과적인 결과를 낼 것이다. 그러나 그런 사례는 소수에 불과할 것이다. 대부분의 연구자는 기계의 압도적 계산력과 자동화된 분석 능력 앞에서 서서히 일감을 잃어갈 것이다. 예측은 더 이상 박사들의 전유물이 아니게 될 것이다. 일반 시민도, 기업가들도 인공지능의 도움을 받아 미래를 읽어낼 수 있을 것이다. 미래 예측의 민주화, 그것은 이미 시작된 흐름이고 나는 그 흐름이 걷잡을 수 없이 확산되리라고 보았다.

그렇다면 미래학자로서 어떤 전략을 세워야 하는가? 이 질문은 내 삶의 방향을 바꾸는 분기점이 되었다. 오래 고민한 끝에 내린 결론은 이랬다. 연구소라는 갇힌 벽 안에서 보고서를 쓰고, 정부 관료와 국회의원들에게만 예측을 설명하는 데 머물러서는 안 된다는 것이었다. 더 넓은 곳으로 나가 기업가를 만나고, 시민을 만나고, 그들과 함께 미래를 그려봐야 했다. 미래 예측을 책상 위에서만 존재하는 학문이 아닌, 사람들의 일과 삶으로 들어가 살아 움직이게 해야 했다. 그리고 언젠가는 그들이 직접 미래를 경험하고 스스로 사고의 지평을 넓힐 공간을 만들어야 했다. 인공지능 시대에 미래 예측이 계속 살아남으려면 새로운 시도가 필요했다.

내가 창업을 결심한 이유는 세 가지였다. 첫째, 더 많은 사람과 기업이 중장기적으로 미래를 내다보고 그 미래를 바탕으로 오늘의 전략적 결정을 내리도록 돕고 싶었다. 나는 많은 기업가와 대화하면서, 그들이 늘 눈앞의 매출과 단기 목표에는 익숙하지만 10년, 20년 뒤 자신의 존재 이유를 묻는 질문에는 서툴다는 점을 알게 되었다. 미래 예측은 그들에게 학문적 사치가 아니라 생존의 문제였다. 안정적인 보고서 속 문장이 아니라, 오늘의 선택을 바꾸는 살아 있는 도구가 되어야 했다. 나는 미래 예측을 기업의 언어, 시장의 언어로 번역하는 일을 하고 싶었다.

둘째, 나는 일반 시민, 특히 청년들이 미래 예측의 이론과 방법을 직접 배우고 자기 삶에 적용하기를 바랐다. 미래는 더 이상 일부 전문가의 독점물이 아니다. 인공지능은 미래를 읽어내는 도구를 대중에게 점점 더 열어주고 있다. 그러나 도구가 있다고 해서 길을 잃지 않는 것은 아니다. 지도와 나침반이 필요하다. 청년들에게 그 나침반을 쥐여주고 싶었다. 앞으로 긴 시간을 살아야 하는 그들이 불확실한 세상에서 스스로 길을 설계할 수 있으려면 미래 예측은 '유망한 직업 찾기' 이상의 의미를 가져야 한다. 그것은 자신의 삶을 디자인하는 법, 아직 오지 않은 세계를 어떻게 맞이할지에 대한 용기를 주는 훈련이다. 나는 그런 배움이 학교 교실이 아니라, 사람들이 서로의 꿈과 불안을 나누고 미래를 이야기하는 열린 공간에서 가능하다고 믿었다.

셋째, 나는 사람들이 몰입해 미래를 체험할 수 있는 공간을 만들고 싶었다. 사실 이것이 가장 강하게 끌어당긴 유인이었다. 사람들은 책과 뉴스, 보고서에서 미래를 읽지만, 그것만으로는 상상력이 충분히 열리지 않는다. 그러나 한발 다른 세계로 들어서면 이야기는 달라진다. 미래 장면을 구현한 공간에 들어가면 사람들의 시선과 사고는 단숨에 멀리 도약한다. 공간은 단순한 배경이 아니라, 생각을 바꾸는 가장 강력한 매개다.

이렇게 생각한 배경을 잠시 설명해보자. 나는 2007년 유학을 떠난 첫 학기에 그 사실을 체험했다. 당시 수업을 맡은 짐 데이터 교수는 대학원생들을 이끌고 호놀룰루 차이나타운의 한 골목으로 데려갔다. 그는 그곳을 '미래를 경험할 수 있는 장소'라 불렀다. 처음에는 고개를 갸웃했다. 나는 미래학이란 데이터 분석과 시뮬레이션, 복잡한 이론과 모델링으로 이루어진 학문이라고만 생각했기 때문이다. 그런데 골목 입구에 다다르자 벽면에는 미래를 상징하는 그림들이 붙어 있었다. 골목 안으로 들어가자 '2050년의 호놀룰루 차이나타운'을 그려놓은 풍경이 펼쳐졌다. 그곳에는 미래의 주민들이 살아가고 있었고, 관광객과 시청 직원, 청년들이 만들어낸 다양한 미래 장면이 전시되어 있었다. 단순한 전시가 아니었다. 이 공간을 찾은 사람들은 미래를 보며 각자의 의견을 남겨두었다. 누군가는 희망을 적었고, 누군가는 불안을 기록했다. 청년들은 자신이 꿈꾸는 도시를 그려넣었다. 이 모든 생각과 감정은 곧 '데이터'가 되었고, 다시 미래 연구로 이어졌다.

그곳에서 깨달았다. 미래는 오감으로 경험하는 것이고, 경험 속에서 발견한 생각과 감정이 쌓여 예측의 재료가 되는 것이었다. 데이터 교수는 그 사실을 몸소 보여주었다. 나는 그날 이후 미래학은 반드시 사람들이 일상에서 체험할 수 있는 방식으로 존재해야 한다는 확신을 갖게 되었다.

이 경험은 훗날 내가 창업을 결심할 때 다시 떠올랐다. 한국에도 이런 공간이 필요하다는 생각이 강렬하게 자리 잡았다. 언제든 찾아가 미래를 직접 보고, 느끼고, 토론할 수 있는 곳. 전문가의 강연만 듣는 곳이 아니라 시민과 기업가, 청년이 스스로 미래를 설계하고 서로의 생각을 주고받을 수 있는 장. 나는 그것이야말로 한국 사회에 절실하다고 보았다. 두바이 미래박물관처럼 국가 차원에서 만든 거대한 상징일 수도 있고, 오스트리아의 아르스일렉트로니카처럼 예술과 기술이 어우러진 실험적 공간일 수도 있다. 어쨌든 중요한 것은 그 공간이 사람들의 감각을 흔들고, 상상력을 확장하는 힘을 가져야 한다는 점이다. 미래는 말로 떠드는 것이 아니라 경험하는 것이다.

  한국 사회는 이제 더 이상 선진국을 모방하는 단계에 머무를 수 없다. 우리는 스스로 미래를 창조하고, 세계를 이끄는 아이디어와 사업을 만들어내야 한다. 그러나 책상 위의 문장만으로는 불가능하다. 남의 나라 사례를 베껴서는 안 된다. 우리 몸과 감각 속에서 미래를 실감하고, 우리 언어로 이야기할 수 있어야 한다. 그런 경험을 제공하는 공간, 미래를 함께 논의하는 네트워크, 서로의 시선을 넓혀줄 프로그램이 필요하다.

  그래서 나는 창업을 택했다. 그것은 안정된 직장을 떠나는 모험이 아니라, 내가 내다본 미래에 응답하는 길이었다. 더 많은 기업이 예측을 통해 전략을 세우도록 돕고, 더 많은 청년이 예측을 자기 삶의 나침반으로 삼도록 만들고, 더 많은 시민이 몰입적 공간에서 미래를 체험하도록 하는 일. 이것이 내가 불확실성을 무릅쓰고 선택한 이유였다. 그것은 두려움을 넘어 더 멀리 보았기에 가능한 선택이었다.

7000년 전의 미래 예측, 울산 반구대 암각화

나에게 울산 하면 떠오르던 이미지는 언제나 비슷했다. 빽빽이 늘어선 거대한 조선소의 크레인, 묵직하게 굴러가는 자동차 공장의 컨베이어벨트, 그리고 태화강을 따라 시원하게 뻗은 십리대숲. 울산은 늘 한국의 산업 근대화를 대표하는 도시로 각인되어 있었다. 그러나 최근 전혀 다른 울산을 만났다. 울주군의 반구대 암각화를 바라본 순간 울산을 더 이상 산업 도시로만 기억할 수 없게 되었다. 울산은 7000년 동안 미래 세대를 향해 말을 걸어온, 인류의 가장 오래된 미래학의 터전이었다.

반구대. 이름부터가 상징적이다. 거대한 거북이가 등을 내밀고 강변에 웅크린 듯한 절벽. 그 절벽 한 면에는 수많은 생명의 이야기가 겹겹이 새겨져 있다. 호랑이, 멧돼지, 사슴 같은 육지 동물들이 있고, 바다에는 고래와 거북이가 떠다닌다. 그리고 그 동물들을 사냥하는 인간들의 모습이 있다. 지금까지 밝혀진 것만 해도 200여 점의 그림. 단순한 동물의 형상만이 아니라 작살로 고래를 잡고, 그것을 배로 끌어올려 마을로 운반한 뒤, 고기를 나눠 먹는 세밀한 장면까지 그려져 있다. 절벽 한 면이 하나의 기록이자 한 편의 대서사시였다.

고고학자들은 이 암각화가 신석기 말기에서 청동기 초기에 이르는, 대략 7000년 전에서 3500년 전 사이에 그려진 것으로 추정한다. 나는 절벽 앞에 서서 오랜 시간 눈길을 거두지 못했다. 선과 점으로 새긴 그림은 놀라울 만큼 사실적이면서도 상징적이었다. 사냥꾼들의 몸짓 하나, 배의 윤곽 하나가 수천 년의 시간을 뚫고 내 앞에 도착해 있었다. 그 순간 묻지 않을 수 없었다. 왜 이들은 이토록 위험하고 고된 일을 자청해 절벽에 그림을 새겨넣었을까.

빙하기가 끝나고 기후가 따뜻해지자 신석기인들은 정착을 시작했다. 농사를 짓고, 토기를 만들고, 협업으로 얻은 산물을 교환하기도 했다. 종교적 의례와 장례 법도가 생겨 공동체와 죽은 자 사이의 관계를 규정하기 시작했다. 고고학자 하인수는 신석기를 자연의 질서에서 인간의 질서로 옮겨온 시기라고 정의한다. 반구대 암각화를 보며 그 말의 의미를 실감했다. 자연에 내 맡겨 살던 인간이 처음으로 자신들의 경험을 기록하고 전승하려 했던 순간. 그것은 곧 문명의 출발점이었다.

나는 당시의 공동체를 상상해보았다. 대부분은 사냥하러 나가거나 밭을 일구고, 거주지를 정비하며 하루를 보냈을 것이다. 아이들을 돌보고 음식을 만드는 일에도 많은 시간을 썼을 것이다. 삶은 고단하고, 내일은 불확실했을 것이다. 그러던 어느 날 공동체는 절벽에 자신들의 삶을 새기기로 결심한다. 높이 4미터의 절벽에 사다리를 걸고 바위 위에 올라 날카로운 돌로 선을 긋고 점을 찍는다. 손은 피로 물들고, 어떤 이는 사다리에서 떨어져 크게 다쳤을지도 모른다. 그래도 그들은 멈추지 않았다. 세대를 이어가며 수천 년 동안 절벽 위에 그림을 더했다.

나는 이 광경을 떠올리며 전율했다. 그들이 왜 이토록 험한 길을 택했는지 여러 해석이 가능하겠지만, 내게는 그들이 미래 세대를 위해 이 작업을 했다고 여겨진다. 돌에 새길 정도의 기록이라면 그들의 시계는 매우 길었다. 오늘의 생존을 넘어서 자신들이 사라진 뒤에도 후손들이 이 그림을 보기를 원했을 것이다. 고래 잡는 법을 배우고, 위험한 짐승을 피하는 법을 익히고, 먹을거리를 나누는 지혜를 전수받길 바랐을 것이다. 반구대 암각화는 아마도 인류 최초의 교과서였을 것이다. 바위에 새겨진 생존의 언어, 미래 세대를 위한 지침서였다.

오늘 우리가 그 암각화를 통해 당시의 사회적 대전환을 추적할 수 있는 것도 그 때문이다. 당시 바다가 더 가까웠던 시절에는 고래 사냥이 삶의 중심이었고, 바다가 멀어지고 육지가 드러나면서 육지 동물 사냥 장면이 더해졌다. 환경의 변화에 따라 전략을 바꿨던 일이 암각화에 기록되어 있다. 그들의 그림은 단순한 사냥 기록이 아니라, 변화에 적응하고 미래를 준비하는 지혜의 흔적이었다.

이 장면을 보면 지금의 우리가 떠오른다. 우리는 또 다른 거대한 전환의 시대를 살고 있다. 인구는 급격히 줄어들고 사회는 빠르게 늙어간다. 화석연료의 퇴장은 이미 예고되었고, 과잉 소비의 그림자가 짙다. 인공지능은 인간의 일을 빠르게 대체하고 있고, 기후위기는 우리 일상을 뒤흔든다. 전쟁과 갈등, 국경을 넘는 난민의 행렬, 우주 시대의 개막까지 생각할 거리가 너무 많다. 미래 세대가 살아갈 세상은 지금과는 전혀 다른 풍경일 것이다.

반구대의 사람들처럼 이 땅의 후손을 위한 교과서를 남긴다면 우리는 어떤 장면을 새겨야 할까. 어떻게 해야 미래 세대가 더 나은 삶을 살 수 있을까. 나는 이 질문이 "미래를 예측하면 뭐가 바뀌느냐"에 대한 본질적인 답변이 될 수 있다고 본다. 예측은 단지 현재의 선택을 바꾸는 것이 아니다. 예측은 우리가 사라진 뒤에도 이어질 미래 세대의 삶을 바꾸는 힘이다.

반구대 암각화는 2025년 7월 유네스코 세계유산에 등재되었다. 그 가치는 단순히 오래된 그림이 남아 있다는 사실에 있지 않다. 그것은 인류가 이미 수천 년 전부터 미래 세대를 생각하며 살았다는 증거다. 선사시대 한국인들은 지금 이 순간의 생존만이 아니라 먼 미래의 생명까지 지키려는 문화를 창조했다. 반구대의 절벽은 오늘도 우리에게 묻는다. "너희는 어떤 그림을 남길 것인가?" 결국 미래 예측 과정에서 부정적 전망이 난무하지만 결국 미래 희망과 책임의 언어를 도출할 수밖에 없다.

미래 세대의 마음을 읽는 법

　오늘날의 우리는 미래 세대를 위해 무엇을 할 수 있을까. 미래를 예측하는 작업이 현재 우리 삶을 바꾸는 동시에 미래 세대의 삶을 바꾸는 데까지 이어지려면 무엇이 필요할까. 바로 미래 세대의 마음을 읽는 법이다.

　내가 대학원에서 미래학을 공부할 때 가장 흥미로우면서도 어려웠던 과제 중 하나가 바로 이 문제였다. 미래학에서 미래 세대란 단순히 자식이나 손자녀 세대가 아니다. 우리가 살아 있는 동안은 결코 만나볼 수 없는 훨씬 더 먼 세대를 뜻한다. 수십 년 혹은 수백 년 뒤에 태어날 사람들. 따라서 우리는 그들의 얼굴을 알 수도 없고, 목소리를 들을 수도 없다. 그런데도 우리는 그들의 삶을 고려해야 하고, 그들의 권익을 지켜야 한다. 이것이 미래 예측의 중요한 과제다.

　미래 세대의 무게를 처음으로 실감한 경험이 지금도 또렷이 기억난다. 어느 날 강의실에서 우리는 역할극을 했다. 교수는 학생들을 두 그룹으로 나누었다. 한쪽은 현세대를 대표하고, 다른 쪽은 미래 세대를 대표하는 역할이었다. 현세대를 맡은 학생들은 먼저 강의실에 들어와 원형으로 놓인 의자에 앉았다. 조금 뒤 미래 세대를 맡은 학생들이 조용히 들어와 현세대 학생들 앞에 마주 앉았다.

　역할극의 규칙은 단순했지만 무거웠다. 현세대 학생들은 자신이 누구인지 소개하고, 지금 벌어지고 있는 정치, 경제, 사회, 문화, 기술, 환경의 이슈를 미래 세대에게 설명한다. 그러나 미래 세대는 어떤 말도 할 수 없다. 들을 수는 있지만 응답할 권리가 없다. 그들은 아직 태어나지 않았기 때문에 그저 침묵 속에서 듣고 있어야 한다. 이 침묵의 시간이야말로 역할극의 핵심이었다. 눈앞에서 현세대가 말하는 수많은 선택과 정책이 결국 미래의 삶을 규정할 텐데 그 앞에서 아무런 말도 하지 못한다는 사실은 생각보다 훨씬 더 답답하고 무거웠다.

　역할극이 끝나고 비로소 미래 세대를 대표했던 학생들에게 발언 기회가 주어졌다. 그들은 그 시간 동안 느낀 감정을 털어놨다. 어떤 이들은 현세대가 벌이는 일들이 미래를 더 평화롭고 풍요롭게 만들 것 같아 고맙다고 표현하고 싶었지만, 말할 수 없어서 안타까웠다고 했다. 다른 이들은 현세대가 무심히 벌이는 정책과 행위들이 미래의 환경과 사회를 망쳐놓을 것 같아 '당장 멈춰!'라고 외치고 싶었지만, 입을 닫아야 해서 두려웠다고 했다.

이 경험은 학생들에게 강렬한 자각을 일으켰다. 미래 세대는 언제나 철저히 소수자이며 약자라는 사실이다. 지배적인 현세대가 무엇을 하든 막을 수 없고, 도울 수도 없다. 그 결과 많은 정책과 사건이 어떤 파급 효과를 남길지 충분히 토론하지 못한 채 그대로 미래에 떠넘겨진다. 그 처지가 너무나 무력하게 느껴진 것이다.

그날 이후 학생들은 중요한 주장을 내놓았다. "현세대 안에서라도 미래 세대를 대표할 수 있는 집단이 필요하다"는 것이었다. 미래 세대는 목소리를 낼 수 없으니, 현세대가 그들의 입장이 되어 대변해야 한다는 것이다. 단순히 '미래 세대를 생각한다'는 추상적 수사가 아니라, 제도와 구조 속에서 미래 세대를 실질적으로 고려할 장치를 두어야 한다는 요청이었다.

바로 이 발상이 미래 예측의 정치적 실천과 닿아 있을 것이다. 미래 세대를 고려하지 않는 사회는 결국 현재의 이익에 매몰되어 구조적 문제를 심화시킨다. 반대로 미래 세대를 고려하는 제도를 만들면 우리의 의사결정은 필연적으로 장기적 관점을 취하게 된다.

예컨대 파격적으로 정부 안에 '미래 세대부'를 신설할 수도 있다. 혹은 모든 부처에 '미래 세대국'을 두어, 현세대의 정책이 먼 미래에 미칠 영향을 검토하게 할 수도 있다. 단순히 환경 정책이나 교육 정책에 국한되지 않는다. 국방, 외교, 산업, 과학기술, 복지, 재정 등 모든 분야에서 미래 세대가 어떤 영향을 받을지를 평가해야 한다. 그렇게 대통령과 장관들이 매 순간 미래 세대의 시선으로 현안을 검토한다면, 이는 단지 제도 개혁이 아니라 사회 전체의 인식 전환을 불러올 수 있다.

나는 이 지점을 진정한 미래 세대론이라고 부르고 싶다. 그것은 다양한 선택지를 마련해주고, 스스로 그 선택지의 의미를 검토하게 하며, 더 나은 선택지를 추구하고, 그 과정에서 나타나는 문제들을 보완할 수 있도록 하는 것이다. 우리의 미래 예측은 보고서 속 수치나 시뮬레이션 결과를 남기는 일이 아니다. 결국 후세에게 더 많은 선택지를 남기는 일이다.

그렇다면 '미래 예측을 하면 뭐가 바뀌는가?'라는 질문에 나는 또 다른 답을 덧붙이고 싶다. 미래 예측은 오늘 우리의 행동을 바꾸고, 내 삶의 선택을 바꾸며, 더 나아가 만나본 적 없는 이들의 마음을 대변하는 제도와 구조를 만들어낸다. 그것은 우리가 그들의 침묵을 대신해 말하는 일이며, 그들의 두려움을 덜어내고 희망을 잇는 일이다.

세계를 바꾸는 미래 예측

    2024년 11월 나는 두바이에서 열린 미래포럼에 '시민과 함께 추진한 미래 전망' 연구를 발표하기 위해 참석했다. 이틀 동안 100개국에서 온 2500명이 한자리에 모였다. 정부 관료, 국제기구 관계자, 시민사회 활동가, 글로벌 기업인, 학계 연구자, 정책 결정자, 사상가, 그리고 미래학자들까지. 그들은 서로 다른 언어와 배경을 지녔지만 한 가지 질문으로 연결되어 있었다. "다가올 미래를 어떻게 준비할 것인가."

    70개 세션과 워크숍에서 150명의 연사들이 무대에 섰다. 논의 주제는 건강, 기술, 환경, 교육, 사회 혁신까지 광범위했다. 누군가는 과학적 데이터를 근거로 말했고, 누군가는 예술적 상상력을 통해 다가올 세상을 그려냈다. 서로 다른 시선이 충돌하고 교차했지만, 나는 그 속에서 공통된 메시지를 읽었다. 예측은 실용적인 힘이라는 것이다.

포럼에서 가장 인상 깊었던 순간 중 하나는 '두바이 예측 상 Dubai Foresight Awards'이었다. 세 가지 수상 부문은 변화를 만드는 사람들, 사람들을 위한 예측, 지구를 위한 예측이었다. 이 세 범주는 그 자체로 미래 예측의 존재 이유를 압축했다. 결국 미래 예측은 특정 집단만을 위한 도구가 아니라 인류 전체의 삶을 지탱하는 전략임을 보여주었다.

포럼 현장에서는 혁신가들의 사례도 이어졌다. 한 환경운동가는 강을 법적 주체로 인정받게 해 인간이 아닌 존재에게 권리를 부여하는 새로운 패러다임을 열었다. 92세의 최고령 심장 전문의는 의학적 지식과 헌신으로 장수와 직업의 지속 가능성을 증명하고 있었다. 어떤 연구자들은 버섯의 뿌리 구조인 균사체를 활용해 건축 자재를 만들었다. 한 철학자는 전 세계에 설치한 카메라를 '타임머신'으로 활용해 인간과 환경의 관계를 기록했고, 한 감독은 지구 궤도를 성역처럼 보존할 가능성을 제안했다. 이들의 공통점은 상상력을 머릿속에 머물게 하지 않고 예측을 통해 실용적 해결책으로 바꾸었다는 것이다.

포럼에서는 또한 세계가 직면한 압도적 현실들이 수치로 제시되었다. 2050년까지 12억 명이 기후변화로 이주할 것이고, 2030년까지 취약 지역사회에서의 손실과 피해는 연간 최대 8000억 달러에 이를 것이라는 전망이 나왔다. 전 세계 GDP의 절반 이상이 자연에 의존하고 있으며, 지난 반세기 동안 산호초의 절반이 사라졌다. 동시에 희망적인 해법도 제시되었다. 맹그로브 숲과 산호초 같은 자연 기반 해결책은 기후 충격을 줄이고 파도의 높이를 최대 71퍼센트까지 낮출 수 있다는 것이다. 태양은 매초 인류가 1년간 소비하는 에너지의 5.5조 배를 방출한다는 사실은 우리가 미래 에너지를 어떻게 전환해야 할지 방향을 보여주었다. 나는 이 수치들을 단순한 통계로 읽지 않았다. 그것은 예측이 지금 무엇을 바꿔야 하는지 알려주는 언어였다. 예측은 경고였고, 동시에 가능성의 지도였다.

교육에 관한 논의도 인상적이었다. 내년이면 학교 밖 학습 프로그램에 참여하는 학생 수가 전 세계적으로 500만 명에 이를 것이라는 전망이 발표되었다. 이는 전통적인 제도권 교육만으로는 미래를 준비하기에 부족하다는 사회적 자각의 증거였다. 더 많은 대안적 교육 모델이 필요하다는 것이다.

그리고 마침내 나를 오래 붙들어둔 사실 하나가 보고서에 적혀 있었다. 전 세계적으로 약 4만 4000명이 직함에 '미래'라는 단어가 포함되어 있다. 미국 기업의 35퍼센트는 미래 예측 전담 인력을 두고 있다. 세계적 기업들이 예측 팀을 운영하는 것은 그저 유행이 아니다. 그것은 예측이 조직의 장기 전략과 혁신의 핵심에 들어섰다는 명백한 증거다.

나는 그동안 세계 주요 기업에서 미래 연구를 해온 전문가들을 만나왔다. 2025년 초에도 독일 폴크스바겐 예측 팀의 한 연구자를 만났다. 그녀는 자동차 회사에 소속되어 있지만, 자동차만 연구하진 않았다. 그녀의 질문은 더 근본적이었다. 미래 사회에서 이동의 의미는 어떻게 변할까? 사람과 기계의 관계는 어떻게 재편될까? 도시와 생태계의 상호작용은 자동차를 어떻게 바꿀까? 예측은 기술적 혁신을 넘어 인간과 사회의 변화를 함께 바라보는 도구였다.

예측은 더 이상 추상적인 학문이 아니다. 그것은 실제 정책을 바꾸고, 기업의 의사결정을 바꾸고, 사람들의 행동을 바꾼다. 두바이에서 만난 수많은 사례가 증명하듯, 예측은 실용적이고 쓸모 있으며, 지금 이 세계의 변화를 이끌고 있다. 그렇다면 처음의 질문으로 되돌아가자. "미래 예측을 하면 뭐가 바뀌느냐?"

이렇게 답변할 수 있다. 예측은 현실을 바꾼다. 그것은 수치와 데이터로 위험을 알리고, 새로운 가능성을 비춘다. 예측은 조직을 바꾼다. 전 세계의 기업과 정부가 예측을 제도와 전략에 심고 있다. 예측은 삶을 바꾼다. 개인의 선택을 달리하게 만들고, 미래 세대의 목소리를 대신 전하며, 더 나은 내일을 향해 길을 닦는다. 미래 예측은 철학적 성찰인 동시에 가장 실용적인 도구다. 그것은 오늘의 결정에 의미를 부여하고, 내일의 선택지를 확장하며, 우리가 결코 만나지 못할 사람들의 삶까지 변화시킨다. 예측은 세계를 바꾼다.

미래 연습
2035년 미래 전망은 무엇을 바꾸는가?

프로그램 개요

대상: 개인 혹은 5~7명 내외의 소그룹

목적: 미래 예측이 추상적 담론이 아니라 실제 삶과 조직, 그리고 미래 세대의 선택을 변화시키는 도구임을 직접 체험

시간: 약 3시간

구성: 3단계(현재의 나→미래 시나리오→미래 세대의 시선)

1단계 현재의 나, 현재의 선택(30분)
- 활동: 참가자는 자신이 최근 1년간 내린 중요한 선택(직업, 소비, 관계, 학습, 가족 관련 등)을 세 가지 적는다.

- 질문 가이드: 나는 왜 이 선택을 했는가? 이 선택은 단기적으로 내 삶에 어떤 영향을 주었는가? 이 선택이 10년 뒤에도 유효할까?
- 소그룹 나눔: 선택의 배경과 가치를 공유
- 목적: 현재의 행동과 선택이 곧 미래를 바꾼다는 사실을 자각

2단계 2035 시나리오 속 나의 모습(1시간 30분)

- 준비물: 시나리오 카드 20장(예: 인공지능, 기후위기, 인구 감소, 에너지 전환, 우주 경제, 초고령 사회, 새로운 가족 형태, 도시 붕괴/재생 등), 공간 이미지 자료(2050 도시, 생태 환경, 사회문화 등) 포스트잇, 마커, 대형 종이
- 활동 과정: 참가자는 무작위로 시나리오 카드 2~3장을 뽑는다. 2035년, 이 카드들이 현실화된 사회에서 나는 어떤 모습일까를 상상하고 짧은 미래 일기를 작성한다. 내 일상은 어떻게 달라졌는가? 나는 어떤 문제에 직면해 있는가? 나는 어떤 새로운 기회를 보고 있는가? 그룹별 공유 후 큰 종이에 "2035년 우리의 삶"을 그림과 키워드로 시각화한다.
- 목적: 미래가 추상적 예측이 아니라 나와 우리 삶 속으로 들어온 생생한 이야기임을 체험.

3단계 미래 세대의 눈으로 보기(1시간)

- 역할극: 미래 세대 대화 실험

참가자를 두 그룹으로 나눈다. A그룹 현세대(지금 우리의 입장)와 B그룹 미래 세대(2075년에 태어날 후손들의 입장).
- 진행 방식: 현세대(A)는 지금 우리가 내리는 선택(에너지 사용, 직업, 소비, 교육 정책 등)을 미래 세대(B)에게 설명한다. 미래 세대(B)는 아무 말도 할 수 없다. 침묵 속에서 듣는다. 10분 후 미래 세대(B)에게 발언권을 준다. "당신들의 선택이 나의 삶에 어떤 영향을 주었는가?" "당신들에게 고맙다고 말하고 싶은 것과, 멈추라고 외치고 싶은 것은 무엇인가?"
- 마지막 전체 공유: 우리가 지금 바꿔야 할 행동은 무엇인가?
- 목적: 반구대 암각화와 같은 '미래 세대를 위한 기록과 선택'의 의미를 직접 느끼게 함.

4단계 마무리 & 나의 미래 다짐(20분)

참가자는 오늘 워크숍을 통해 깨달은 점을 한 문장으로 정리한다. 질문: 나는 어떤 새로운 선택을 하기로 했는가? 내 선택이 미래 세대에게 어떤 선물이 되기를 바라는가? 각자 작성한 문장을 큰 보드에 붙이고, '2035년 우리의 다짐 지도' 완성하기.

기대 효과

개인 차원: 지금의 선택이 미래를 바꾼다는 사실을 구체적으로

자각

조직 차원: 다양한 시나리오를 통해 장기 전략의 필요성을 몸소 체험

사회 차원: 미래 세대의 침묵을 대신해 말하는 책임감을 공유

8장

초보자도
어렵지 않게
예측하는 방법과
사례가 있나요?

예측가의 탄생

 미래를 묻는 일은 전문가나 정책가의 전유물이 아니다. 매일을 살아가는 개인에게 가장 절실한 물음이다. 그럼에도 미래학이라는 이름으로 체계화된 학문은 대개 국가, 사회, 기업이라는 집합적 주체를 중심에 둔다. 개인은 종종 부차적인 대상으로 취급되었다. 미래를 생각하는 일이 공공적 성격을 띠었기 때문이다. 그러나 개인이 자기 삶을 주체적으로 살아가기 위해서는 미래를 향한 질문을 그만두어서는 안 된다.
 스스로 미래를 예측하지 않는다는 것은 단순히 무지 속에 사는 것이 아니다. 그것은 곧 타인의 흐름에 내 생각과 몸을 내맡기는 것이다. 남들이 무엇을 좋아하는지에 귀 기울이고, 어디에 돈이 모이는지 지켜보며, 지금 세상에서 가장 '핫한' 것에 열광

하는 행위는 결코 자기 삶의 주체적 기획이 아니다. 그것은 현재의 파도에 휩쓸려가는 일시적 쾌락에 불과하다.

따라서 미래를 생각하지 않는 개인은 내 삶의 항해자가 아니라 남이 짜놓은 항로의 승객이다. 반대로 미래를 묻고 스스로 답하려는 개인은 삶의 선장이 된다. 그는 남이 놓아준 길을 따르지 않고, 자신이 설계한 시간 위를 걷는다. 여기서 미래 예측이란 단지 '무엇이 일어날 것인가'를 맞히는 기술이 아니다. 그것은 '내 삶의 방향을 내가 어떻게 정할 것인가'라는 철학적 결단이다.

우리가 흔히 미래를 거대한 추세나 통계로만 이해할 때 예측은 전문가의 소관으로 축소된다. 하지만 미래는 그보다 훨씬 더 깊은 차원에서 우리를 이끈다. 미래는 삶의 스승이다. 이 스승은 눈앞의 유행을 따르지 말라고 조언한다. 그것은 오래가지 못한다. 대신 미래는 묻는다.

지금 너는 어떤 가치를 선택하고 있는가? 네 시간이 향하는 끝에는 무엇이 기다리고 있는가? 너는 타인의 삶을 따라가고 있는가, 아니면 네 삶을 창조하고 있는가?

이 물음들은 숫자나 데이터로 답할 수 있는 것이 아니다. 그것은 철학적 성찰, 곧 자기 자신에 대한 탐구를 통해서만 답할 수 있다. 따라서 예측이란 곧 자기 자신을 이해하려는 과정이다. 나는 무엇을 원하는가, 나는 무엇을 두려워하는가, 나는 무엇을 가능하다고 여기는가. 이러한 내적 대화를 거쳐야 비로소 미래는 하나의 구체적 풍경 또는 이미지象로 다가온다.

이 과정은 '예측가의 탄생'이라 부를 수 있다. 우리는 모두 사회가 마련해둔 시간의 질서를 따라 자라왔다. 학교의 시간표, 회사의 업무 계획, 사회가 규정한 성공의 기준. 그러나 이 장에서 나는 다른 가능성을 열고자 한다. 그것은 스스로 자신의 예측가가 되는 것이다.

예측가는 미래를 단순한 추상적 시간으로 보지 않는다. 그는 미래를 삶의 거울이자 길잡이로 삼는다. 그 앞에서 자신의 선택을 비추고, 결단을 가늠하며, 자신의 기획을 확인한다. 이때 미래는 더 이상 두려움이나 불확실성의 대상이 아니다. 오히려 그것은 나를 더 분명하게 드러낼 기회다.

"초보자도 어렵지 않게 예측할 수 있나요?"는 사실 기술적인 방법을 묻는 게 아니다. 그것은 우리가 삶을 어떻게 대할 것인가에 관한 질문이다. 예측은 남이 대신해줄 수 없는 삶의 근원적 과제다. 내가 나의 미래를 예측하지 않는다면, 나는 끝내 남의 시간에 갇혀 살게 된다. 그러나 내가 미래를 묻고, 미래와 대화하고, 미래를 나의 스승으로 받아들일 때 나는 비로소 삶의 주체가 된다.

예측은 학문 이전에 태도이며, 기술 이전에 철학이다. 초보자에게 필요한 것은 방대한 자료나 정교한 모델이 아니다. 필요한 것은 단 하나, 자기 삶을 제 손에 쥐겠다는 결심이다. 그 결심의 순간, 우리는 모두 예측가로 다시 태어난다.

불가능을 믿는 훈련

『겨울나라의 앨리스』에서 앨리스와 레드퀸이 나눈 대화를 읽어보자.* 레드퀸이 자신이 태어난 지 101년 5개월하고 하루가 되었다고 하자 앨리스는 이렇게 말한다.

앨리스: 도저히 못 믿겠어요!

레드퀸: 그래? 다시 한번 해봐. 숨을 길게 내쉬고 눈을 감는 거야.

앨리스: 그래도 소용없어요. 불가능한 걸 믿을 수는 없어요.

레드퀸: 훈련을 별로 하지 않은 것 같구나. 내가 네 나이 땐 매일 30분씩 했단다. 가끔은 아침을 먹기 전에 무려 여섯 가지 불

---

* 디팩 초프라, 미나스 카파토스. (2023). 『당신이 우주다』. 조원희 옮김. 김영사.

가능한 일을 믿는 연습을 했단다.

　이 짧은 대화는 기묘한 농담이 아니다. 그것은 미래를 향한 상상력의 본질을 찌르는 은유다. 불가능한 것을 믿어보려는 태도, 그것이야말로 예측가로 다시 태어나는 첫걸음이다. 불가능에 대한 관대함이 미래를 열 수 있다. 불가능을 가능하다고 생각할 때 비로소 예측이 시작되는 것이다.
　인도 출신의 의사이자 작가인 디팩 초프라는 『당신이 우주다』라는 저서에서 "양자 행동은 우리가 불가능한 것들에 훨씬 더 관대해지길 강요한다"고 말한다. 이 말은 물리학의 사실 설명을 넘어선, 인간 인식의 확장에 대한 요구다. 고전물리학이 인과성과 예측 가능성을 강조했다면, 양자물리학은 모호함, 불확실성, 다중 가능성을 강조한다. 초프라는 이 점을 들어 인간이 스스로 짜놓은 상식의 감옥에서 벗어나야 한다고 주장한다.
　여기서 말하는 불가능은 논리적 불가능이 아니다. 그것은 사회적 금기, 제도적 억압, 심리적 억제라는 이름으로 가로놓인 벽이다. 우리가 '불가능하다'고 믿었던 것 중 다수는 사실상 권력의 언어와 제도의 관성으로 굳어진 것일 뿐이다.
　한 세기 전까지만 해도 여성의 투표권 획득은 불가능한 상상이었다. 여성은 감성적이고 비합리적이라 정치적 판단 능력이 없다는 믿음이 지배했기 때문이다. 그러나 지금 여성 참정권은 보편적 권리가 되었다. 장애인은 생산적 노동에 기여할 수 없다는 주장도 오랫동안 당연시되었다. 그러나 이는 사회적 장벽이 만든 '불가능'이었다. 유니버설 디자인, 보조 기술, 제도 개혁이 확산되자 장애인은 과학, 예술, 경영, 정치에서 활약하고 있다.

　기본소득 역시 오랫동안 불가능의 범주에 있었다. "일하지 않고 돈을 받으면 사회가 붕괴된다"는 도덕적 고정관념 때문이었다. 그러나 핀란드, 캐나다, 한국의 일부 지자체에서 실험적 시행이 시작되었고, 자동화와 AI의 확산은 기본소득을 점차 현실적인 선택지로 만들고 있다. 노동 없는 분배 또한 산업 시대의 패러다임에서는 불가능했다. 그러나 자동화와 로봇, AI가 확산되면서 소득과 노동이 반드시 결합되어야 한다는 사고에 점점 균열이 일어나고 있다. 결국 불가능이란 종종 '불가피하다'는 사회적 믿음의 투사일 뿐이다.

　예측가는 바로 여기서 탄생한다. 그는 '진짜 불가능'과 '사회적으로 그렇게 여겨진 것'을 구분하는 눈이 있다. 그는 미래를 공포와 불확실성으로 보는 대신 새로운 가능성의 저장고로 본다. 그는 남들이 불가능하다고 말하는 지점에서 멈추지 않고, 오히려 더 멀리 들어가본다. 예측가는 '불가능'을 '미래의 씨앗'으로 대한다. 아직 현실로 이뤄지지 않은 가능성, 금기와 고정관념 때문에 묶여 있던 잠재력, 그런 것들이 예측가의 안목에 포착되는 것이다.

　미래를 예측한다는 것은 '불가능하다'는 말에 맞서는 철학적, 정치적 행위다. 고정된 현재의 질서에서 예측가는 다중의 미래를 본다. 남의 길을 따라가는 삶에서 예측가는 자기 삶의 선장이 된다. 예측가는 불가능에 저항하는 훈련을 통해 이루어지는 인간의 두 번째 탄생이다. 우리는 한 번은 부모에게서 태어나지만, 다른 한 번은 자기 자신이 불가능을 넘어서는 순간 태어난다. 미래를 묻는다는 것은 결국 이렇게 말하는 것이다. "나는 더 이상 불가능에 갇힌 존재가 아니다. 불가능을 넘어 내 미래를 창조하는 존재다."

양자적 세계와 시간의 창조자

　예측가의 탄생이 우리 시대에 절실한 이유는 이제 고전적 세계관에서 양자의 세계로 넘어가고 있기 때문이다. 고전물리학은 인과성, 예측 가능성, 단일한 현실을 전제했다. 그러나 양자적 세계는 그 모든 전제를 뒤흔든다.

　양자 행동은 "동시에 여러 상태가 존재한다"는 개념을 통해 우리가 받아들이는 현실의 단일성과 고정성에 의문을 던진다. 하나의 입자가 동시에 여러 궤적을 그릴 수 있다면, 우리 삶도 단일한 경로로만 해석될 수 없다. 기존 사고로는 "말이 안 된다"고 여겨졌던 것들이 미래에는 중요한 변화의 씨앗이 될 수 있다. 따라서 양자적 사고는 불가능이라는 프레임을 깨뜨리는 훈련이 된다.

양자세계의 핵심은 불확실성이다. 예측가는 미래를 단정하지 않는다. 그는 불확실성을 회피하는 대신 그것과 가깝거나 친밀해진다. 미래를 설계할 때 "이건 안 될 거야"라고 말하지 않고, 오히려 "이것도 가능하지 않을까?"라는 물음을 던진다. 불확실성과의 동맹 없이는 예측가로 다시 태어날 수 없다.

미래학자라면 동의할 미래는 단수가 아니라 복수형이다. 예측가는 하나의 직선적 미래가 아니라, 서로 다른 가능성이 중첩 상태로 공존하는 무대를 직시해야 한다. 그 무대는 하나의 해답이 아니라, 경쟁하는 시나리오들이 춤추는 장이다. 예측가는 그 춤의 리듬을 해석하고, 동시에 그 춤에 참여하는 자다.

양자적 시각은 현실의 밑바닥에 상상력의 공간이 존재함을 시사한다. 입자가 중첩과 얽힘 속에서 실재를 재구성하듯, 인간의 상상 또한 새로운 제도, 기술, 문화로 현실을 재편한다. 예측가는 이 경계를 두려워하지 않는다. 상상된 불가능이 내일의 법과 과학이 되며, 어제의 금기가 오늘의 상식이 되는 순간을 그는 다른 누구보다 먼저 본다.

따라서 예측가의 역할은 단순한 설명자가 아니다. 그는 아직 언어화되지 않은 가능성을 포착하고, 그것을 새로운 언어와 스토리로 번역한다. 불가능한 미래에 이름 붙이는 일이 가능성을 현실로 끌어들이는 작업이다.

양자물리학은 시간에 대한 우리 믿음을 흔든다. 시간은 절대적이지 않다. 모든 관찰자는 서로 다른 상대적 시간을 산다. 따라서 모든 사람에게 동일한 미래는 존재하지 않는다. 초프라는 "당신은 시간의 창조자인가, 희생자인가, 아니면 뇌 활동의 노리개인가?"라고 묻는다. 희생자는 사회가 요구하는 일정과 마감 속에서 시간을 잃는다. 노리개는 걱정과 습관에 끌려다니며 자신의 시간 감각을 통제하지 못한다. 그러나 창조자는 시간의 구조를 스스로 재배치한다. 그는 시간을 흐름으로 따르지 않고, 형태로 새롭게 기획한다.

예측가는 바로 이 시간의 창조자다. 미래란 다가오는 것이 아니라, 우리가 시간의 구조를 어떻게 바꾸고 어떤 의미를 부여하는가에 따라 탄생하는 것이다. 평범한 개인도 시간의 구조를 바꿀 수 있다. 먼저 언어를 전환한다. 시간에 대한 '말'을 바꾸는 것인데, "시간 없다"를 "내가 그 일에 시간의 우선순위를 두지 않았다"로 바꿔보는 것이다. "이젠 너무 늦었어"를 "이게 나한테 가장 좋은 시작점일지도 몰라"로 전환해보자. 언어는 인식 구조를 바꾸고, 인식은 시간 사용의 기준을 바꾼다.

두 번째는 스토리의 재구성이다. 자신의 시간을 이야기로 다시 엮는 것이다. 예를 들어 평생 직장을 다니다 퇴직한 사람이 "내 시간은 끝났다"고 말하는 대신, "지금부터는 내가 누구의 시간에도 예속되지 않는 챕터를 연다"고 말하며 '제2의 서사'를 구성할 수 있다. 자기 삶의 시간표를 '사회적 서사' 대신 '개인적 내러티브'로 쓰기 시작할 때, 시간은 달라진다.

세 번째는 제도의 실험이다. 시간 쓰는 틀을 바꾸는 시도다.

주 4일제 실험이나 하루에 2시간씩 무조건 예측 불가능한 일에 쓰는 시간 설정(미래 감각 실험), 퇴근 후 3시간을 '가족과의 시간→글쓰기→산책'으로 고정해 시간 루틴 자체를 재설계하는 것이다. '제도'는 꼭 거대한 사회 시스템만이 아니라, 내가 반복적으로 시간을 배분하고 구조화하는 개인의 규칙도 포함한다.

예측가는 시간을 '흐름'이 아니라 '형태'로 본다. 흐름의 시간은 남이 짠 시계에 순응하는 것이고, 형태의 시간은 내가 짠 구조로 시간의 리듬을 다시 설계하는 일이다. 이 작은 '시간 혁명'이 모여서 다른 미래의 토양이 된다. 그러므로 미래 예측가는 먼저 자신의 시간 구조를 실험하고 말로 바꾸며, 타인에게 전달할 수 있어야 한다.

미래 연습
예측가로 다시 태어나기

개인이 활용할 수 있는 미래 방법론 연구에서 번 휠라이트라는 미래학자가 가장 두드러진다. 그는 평생을 개인을 위한 미래 예측 방법론 Personal Futures Workbook에 헌신한 연구자로 잘 알려져 있다. 그만의 미래 예측에서 핵심이 되는 내용은 1) 삶의 영역을 점검하고 2) 내 삶에 영향을 미칠 외부의 변화 요인을 찾고 3) 이를 고려해 장차 벌어질 미래의 일을 시나리오 형태로 그려본 뒤 4) 내가 원하는 미래를 정하고 이를 실현하는 계획을 수립하는 것이다.

워크숍 목표

내 삶의 현재를 돌아보고, 다가올 변화를 읽는다.

불확실한 미래를 여러 가능성으로 상상한다.

내가 원하는 미래를 선택하고, 작은 행동 계획을 세운다.

1단계 나의 현재를 비추는 거울(30분)

활동: 아래 여섯 영역에 지금 나의 상태를 "날씨 기호"로 표시해 보세요.

영역	내 상태	이유(한 줄로 적기)
건강	☐ ☀ ☐ ⛅ ☐ ⛈	
재정	☐ ☀ ☐ ⛅ ☐ ⛈	
일 또는 학업	☐ ☀ ☐ ⛅ ☐ ⛈	
주거	☐ ☀ ☐ ⛅ ☐ ⛈	
관계(가족, 친구)	☐ ☀ ☐ ⛅ ☐ ⛈	
자유시간, 취미	☐ ☀ ☐ ⛅ ☐ ⛈	

(예: ☀ 만족 / ⛅ 보통 / ⛈ 불안정)

지금 내 삶에서 가장 안정적인 영역은? _____

가장 불안정하거나 걱정되는 영역은? _____

2단계 나에게 다가오는 변화 찾기(40분)

● 활동: 사회·기술·경제·환경·정치 키워드 중에서 앞으로 5~10년간 나에게 큰 영향을 줄 변화 2~3가지를 고른다. 사회부터 정치까지 고려하는 접근법을 분야별 영어 앞 글자를 붙여 스티프 STEEP(Social, Technology, Economy, Environment, Politics)라고 부르는데 우리 삶에 영향을 미칠 분야를 모두 고려하는 것이다.

● 예시 키워드: AI 확산, 기후위기, 초고령화, 원격 근무, 기본소득, 사회 양극화, 디지털 헬스케어, 1인 가구 증가 등

내가 고른 변화 요인	내 삶의 어떤 영역에 영향을 줄까? 기회? 위험?
AI 확산	☐ 기회 ☐ 위험
기후위기	☐ 기회 ☐ 위험
사회 양극화	☐ 기회 ☐ 위험

3단계 미래 시나리오 스케치(60분)

● 활동: 선택한 변화 요인 2개를 축으로 네 칸짜리 미래 매트릭스를 그린다. 각 칸에 가능한 미래 모습을 한두 문장으로 적어보자. 이 사례에서는 AI 확산과 사회 양극화가 내 삶에 가장 큰 영향을 미치는 외부 요인이라고 가정해보자.

● 예시: 축 1: AI 확산(빠름 ↔ 느림) / 축 2: 복지 제도(강화 ↔ 약화)

축2/축1	복지 강화	복지 약화
AI 확산 빠름	AI 포용 사회 (혁신, 안정 동시 추구)	경쟁적 불안 사회 (AI의 인간 일자리 대체 증가)
AI 확산 느림	안정 우선 사회 (기술 도입에 신중)	정체와 불평등 사회 (경제사회적 활력 저하)

4단계 선호 미래와 행동 선언(40분)

① 1단계와 연결: 내가 붙잡고 싶은 것, 바꾸고 싶은 것

참가자에게 1단계에서 썼던 내 삶의 가장 안정적인 영역과 불안정하거나 걱정되는 영역을 다시 보여준다. 그리고 다음과 같은 질문을 제시한다. "시나리오 속 미래에서 내가 꼭 지켜내고 싶은 안정적인 영역은 무엇인가?" "시나리오 속 미래에서 내가 반드시 개선하거나 바꾸고 싶은 불안정한 영역은 무엇인가?" 이에 대해 1단계에서 재정이 걱정이라고 적었던 참가자는 3단계의 시나리오에서 'AI 확산 빠름 + 복지 약화'의 미래에서 자신의 재정이 더 위험해질 수 있음을 확인하고 이 미래가 다가오기 전에 재정적 회복력(새로운 역량, 자격증, 부업)의 필요성을 인식한다.

② 2단계와 연결: 외부 변화에 내가 취할 태도

참가자가 고른 외부 요인을 다시 떠올리게 한다. 예를 들어 "내가 선택한 변화 요인이 내 불안정한 영역을 어떻게 더 악화시킬

까?" "반대로 이 변화가 내게 어떤 기회를 줄 수도 있을까?" 이에 대해 AI의 확산을 선택한 참가자는 자신의 재정 문제를 악화시킬 위험도 있지만, 동시에 새로운 일자리와 학습 기회를 얻을 수도 있음을 이해한다.

③ 3단계와 연결: 시나리오 속에서 내가 원하는 자리는 어디인가?

네 가지 시나리오 중 하나를 고르게 하고, 그 안에서 자기 삶의 영역이 어떤 모습이 되길 원하는지 구체화한다. "네 가지 미래 중 내가 살고 싶은 것은 어느 쪽인가?" "그 미래에서 내가 선택한 영역(예: 건강, 재정, 관계)은 어떤 모습이길 바라는가?" 이에 대해 AI 포용 사회를 선호한 참가자는, 자기 삶의 재정 영역이 'AI 확산 시대에 적응한 직무 능력을 확보한 상태'로 있길 원한다고 적는다.

④ 행동 선언으로 수렴: 작은 행동 하나로 시작

위의 과정을 거치면 '내 삶의 현재 문제→외부 변화 요인→시나리오 전망→내가 원하는 자리'가 선으로 이어진다. 마지막으로 6개월 안에 할 수 있는 작은 행동을 적게 한다.

- 내가 원하는 미래 사회: _____
- 그 미래를 준비하기 위해 6개월 안에 내가 할 수 있는 구체적 행동: _____

AI 포용 사회를 선택한 참가자가 재정이 불안하다는 자신의 문제를 연결해서 AI 포용 사회에 대비한 데이터 분석 자격증 공부 시작을 실행 계획으로 적는다.

요약

1단계(내 삶의 문제/희망) = 개인 미래 상상의 출발점

2단계(외부 변화) = 외부 환경의 압력과 기회 예측

3단계(시나리오) = 가능한 미래 무대를 여러 방면에서 전망

4단계(행동 선언) = 내가 원하는 미래를 찾고 나의 새로운 자리를 위한 실행 계획 수립

9장

**내가 바라는
사회가 있지만
나 혼자
어떻게 바꿔요?**

누군가는 변화를 위해 나선다

내가 대학에 다니던 시절, 사회과학대학 근처에는 학생들이 자주 가던 식당이 하나 있었다. 1990년대 중반, 지금으로서는 한 세대 전의 이야기다. 이 학생 식당은 사회과학과 인문학을 전공하는 학생들이 자주 찾는 공간이었다. 가격이 저렴해 주머니가 가벼운 학생들이 쉽게 드나들 수 있었지만, 그 식당에는 암묵적인 불편함이 있었다. 밥과 반찬의 양을 스스로 정할 수 없다는 것이었다.

배식대에 줄을 서면, 직원들이 그날의 정해진 양을 일괄적으로 담아주었다. 밥을 조금만 먹고 싶어도 그럴 수 없고, 반찬을 더 먹고 싶어도 요구할 수 없었다. 마치 개인은 없고, 오직 '학생'이라는 하나의 추상적 집단만 존재하는 듯했다. 우리는 주어지는 대로 받아들였고, 그 안에서 불편을 감수하는 것이 당연하다고 여겼다. 당시의 나는 그 방식이 부당하다고 느꼈지만 작은 불합리 정도로 생각하며 넘겼다.

그러던 어느 날 사회학과 학생들이 나섰다. 누구의 지시를 받은 것도 아니고, 특정 단체의 프로젝트도 아니었다. 그들은 순전히 자발적으로 식당을 이용하는 학생들을 상대로 설문조사를 시작했다. 문 앞에 하루 종일 서서 식당에 들어가는 학생들을 붙잡고 설문지를 돌리며 물었다. "식당 이용에서 불편한 점은 무엇인가?" "당신은 무엇을 바꾸고 싶은가?" 설문 항목에는 밥과 반찬을 선택할 권리가 없다는 것도 포함되어 있었다.

며칠간의 조사를 마친 그들은 결과를 정리해 식당 입구에 게시했다. 학생들의 목소리로 불편의 구조를 드러내고, 그 결과를 공개적으로 제시한 것이다. 더 놀라운 것은 그다음이었다. 식당 측은 곧바로 배식 방식을 바꿔 학생들이 원하는 만큼 밥과 반찬을 담을 수 있도록 조치했다. 나는 그 장면을 보며 충격을 받았다. '사회는 이렇게 바뀌는구나.' 거대한 권력이 움직여야만 세상이 변하는 게 아니었다. 이름 없는 학생 몇 명이 나서서 사람들에게 묻고 기록하고 드러낸 것만으로도 구조는 바뀔 수 있었다. 사회 변화의 출발점은 언제나 개인의 문제의식이며, 그 문제의식을 동료들과 함께 행동으로 옮길 용기에 달려 있었다.

우리는 종종 "내가 혼자 움직인다고 해서 세상이 달라질까?"라고 묻는다. 이 물음에는 체념이 깔려 있다. 사회는 너무 크고,

나는 너무 작다는 인식이다. 그러나 이 학생 식당의 사례가 보여주듯 사회를 바꾸는 힘은 언제나 개인의 작은 행동에서 비롯된다. 사회란 추상적인 실체가 아니다. 제도, 관습, 언어, 관계, 행위들이 얽혀 있는 관계망의 총합이다. 그 관계망은 스스로 존속되지 않고 끊임없는 개인들의 행위로 재생산된다. 피에르 부르디외가 『실천이론』에서 말했듯, 사회적 구조는 개인의 실천으로 매일 유지되고 동시에 변형된다.* 따라서 개인은 단지 수동적 수혜자가 아닌, 구조의 재생산자이며 잠재적 전복자다.

그렇기에 "나 혼자 사회를 어떻게 바꿔요?"라는 질문은 절반만 옳다. 혼자서는 당장 조직을, 사회를 바꾸기 어렵다. 그러나 동시에 그 질문은 절반의 가능성을 제시한다. 혼자의 움직임이 없다면 어떤 변화도 시작되지 않는다. 역사의 기점은 언제나 한 개인의 문제의식과 결단에서 비롯되었다.

한국 사회의 역사만 보더라도 우리는 수없이 목격해왔다. 불합리한 제도를 바꾸려 했던 이름 없는 시민들, 민주주의를 지키고자 했던 평범한 청년들, 약자의 권리를 지켜내려 했던 무명의 이웃들. 이들이 없었다면 지금 우리가 누리는 많은 제도와 권리는 존재하지 않았을 것이다.

개인의 힘이란 무엇인가? 거창한 영웅주의를 의미하지 않는다. '지금 여기'에서 불편함을 드러내고, 침묵을 깨뜨리며, 불합

---

* Bourdieu, P. (1977). *Outline of a Theory of Practice*. Cambridge: Cambridge University Press.

리한 관행에 질문을 던지는 것이다. 한나 아렌트가 인간의 정치적 능력은 폭력에 있지 않고 말하며 행동하는 능력에 있다고 했듯, 말하고 행동하는 개인이 있을 때 권력은 정당성을 다시 점검하며, 사회는 기존 틀을 바꾸게 된다.

이 학생식당에서 학생들이 보여준 것은 단순한 불만의 표출이 아니었다. 그것은 집단적 공감대의 형성이었다. 누군가 먼저 문제를 제기하고 다른 사람들이 그 목소리에 동의할 때, 변화는 눈덩이처럼 확산된다. 처음에는 작은 균열에 불과했지만 점차 제도를 바꾸는 틈새가 되었다. 일정한 임계치를 넘어서는 순간, 작은 움직임은 큰 변화를 일으킨다. 개인의 행동이 임계치를 채우는 순간을 만들어내는 것이다. 사회 변화를 가능하게 하는 힘은 언제나 몇몇 개인의 행동에서 시작된다.

"내가 바라는 사회가 있지만, 나 혼자 어떻게 바꿔요?"라는 질문을 미래학자의 시선에서 본다면 인간은 단순히 주어진 사회에 순응하는 존재인가, 아니면 새로운 사회를 창조하는 존재인가, 라는 질문으로 바꿀 수 있다. 인간은 언제나 사회의 창조자다. 사회가 나를 규정하는 동시에 나 또한 사회를 다시 규정한다. 따라서 개인이 사회를 바꿀 수 있다는 것은 단순한 가능성이 아니라 존재론적 필연이다. 인간이 존재한다는 것 자체가 곧 사회를 재구성하는 행위다. 우리가 숨 쉬고 말하고 관계 맺는 모든 행위가 사회구조를 조금씩 바꿔간다. 관건은 우리가 그 힘을 자각하느냐, 그리고 의도적으로 사용할 용기를 내느냐에 있다.

"나 혼자 어떻게 바꿔요?"라는 질문은 "나 혼자가 아니면 무엇으로 바꾸겠는가?"로 다시 던져야 한다. 역사의 무대에는 언제나 나서지 않는 다수가 존재한다. 그러나 변화를 일으키는 것은 언제나 무대로 나선 소수다. 사회 변화는 불가능한 이상이 아니라, 언제나 가능태로 우리 곁에 있다. 그 가능태를 현실로 바꾸는 힘은 다름 아닌 나의 한 걸음, 나의 한 마디, 나의 한 선택에서 비롯된다. 사회는 내가 예측가로서, 사회를 바꾸는 행동가로서 다시 태어나는 순간부터 변하기 시작한다.

미래 실현성

모든 사람은 자신이 살고 싶은 미래를 꿈꿀 수 있어야 한다. 미래학에서는 이를 선호 미래의 발견이라고 한다. 개인이 합리적으로 선호 미래상을 전망하지 못하면 다른 사람의 선호 미래를 따라가게 된다. 또는 생각 없이 남의 꿈이나 좇으며 자기 삶을 낭비한다.

합리적 선호 미래상이란 내가 내 삶의 조건에서 상상할 수 있는 꿈의 최대치다. 예를 들어 의사가 되고 싶은 꿈이 있다면 의과대학에 입학해야 한다. 의과대학에 입학해 6년간의 학습 과정을 마치고 면허시험을 치른 뒤 큰 병원에서 인턴과 레지턴트 과정을 거쳐 수련해야 한다. 이런 조건을 만족시켜야 의사가 될 꿈을 실현할 수 있다.

선호 미래를 실현하려면 두 가지가 필요하다. 의사의 예를 다시 보자. 먼저 의사가 되는 꿈이 있어야 한다. 둘째는 의사가 되는 데 필요한 물리적 조건, 즉 의대 입학과 수련 과정이 필요하다. 내가 고등학교 성적이 좋아 의대에 입학해도 의사가 되고 싶은 꿈이 없으면 이루기 어렵다. 반면 의사가 되고 싶은 꿈이 있어도 의대에 들어가지 못하면 역시 이룰 수 없다. 이처럼 비전과 조건이 만나는 곳에서 내 미래가 조금씩 실현되기 시작한다. 어떤 미래를 꿈꾸더라도 비전과 그 비전을 이끌 조건이 맞아야 한다.

미래가 실현되기 위해서는 비전과 실행 조건이라는 두 축이 동시에 작동해야 한다. 비전은 '내가 어떤 삶을 살고자 하는가'라는 방향성과 의지를 담고 있으며, 실행 조건은 그 비전을 현실로 이끌 수 있는 물리적·제도적·환경적 기반을 뜻한다. 두 요소가 따로 존재할 수는 있지만, 어느 한쪽만으로는 미래를 실현하기 어렵다.

그림 9-1에서 보듯이 비전과 조건은 마치 벡터처럼 작용한다. 두 벡터가 만나는 지점에서 미래 실현성의 강도가 결정된다. 비전은 크지만 실행 조건이 약하거나 방향이 어긋난다면, 미래는 좌절되거나 지연된다. 반면 비전과 조건이 같은 방향을 향하며 서로를 강화할 때, 미래는 강력한 추진력을 얻는다.

중요한 것은 비전과 조건의 조합, 그리고 방향성의 일치다. 꿈이나 조건만으로 충분하지 않다. 개인과 조직은 자신이 지향하는 미래를 분명히 하고, 동시에 그 비전을 지탱할 실행 조건을 어떻게 확보할지 전략적으로 고민해야 한다. 미래의 실현 가능성은 바로 이 교차 지점에서 시작된다.

그림 9-1 비전과 조건으로 형성되는 미래

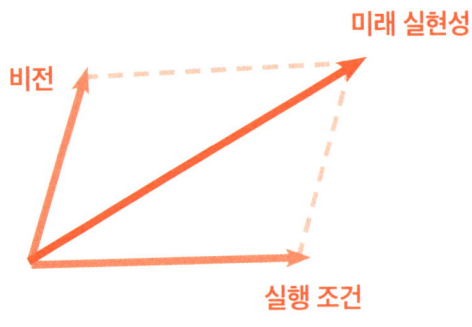

이제 시선을 사회로 돌려보자. 한 사회 역시 선호 미래를 가져야 한다. 사회가 합리적 선호를 설정하지 못한다면, 그 사회는 특정 집단이나 정치 엘리트의 여론 조작과 전략적 행위에 농락당하기 쉽다. 사회적 선호는 구체적으로 선거 과정에서 드러난다. 대선이나 총선에서 유권자들은 후보자의 공약이나 정당의 강령을 비교하고, 어떤 미래가 더 바람직한지를 선택한다. 투표를 통해 사회는 일종의 '미래 사회'를 집단적으로 선택하는 것이다. 그러나 이 과정이 합리적으로 진행되는지에 대해서는 오래전부터 논란이 있어왔다.

경제학자 케네스 애로는 사회적 선택 이론의 기초를 세운 인물이다. 그는 사회적 의사결정 방법이 공정하려면 다음의 네 가지 요건을 충족해야 한다고 보았다. 모든 개인의 선호는 무차별적으로 수용되어야 하며(보편성), 선호와 무관한 대안으로부터 독립성이 보장되어야 하고(독립성), 모든 구성원이 x를 y보다 나쁘지 않다고 생각한다면, 사회적으로도 x가 y보다 선호되어야 하며(파레토 원칙), 마지막으로 특정 개인의 선호가 사회 전체의 선택을 좌우해서는 안 된다(비독재성).

위의 네 요건을 쉽게 정리해보자. 보편성은 모든 사람의 의견이 똑같이 존중되어야 한다는 것이다. 예를 들어 반장 선거를 할 때 1반 학생이든 3반 학생이든, 공부 잘하는 학생이든 못하는 학생이든 각 의견은 동등한 중요성을 지닌다.

독립성은 다른 선택지에 흔들려서는 안 된다는 것으로 A와 B 중에 고르는 문제라면, 다른 후보 C가 나타나더라도 A와 B에 대한 내 생각은 바뀌지 않아야 한다. 예를 들어 점심 메뉴로 라면과 김밥 중 하나를 고르는데, 갑자기 떡볶이가 끼어들었다고 해서 김밥과 라면에 대한 내 원래 취향이 달라지면 안 된다.

파레토 원칙은 다 같이 더 좋은 걸 고르는 것이다. 모든 학생이 "라면이 김밥보다 낫다"는 데 동의한다면, 사회적으로도 라면이 김밥보다 좋은 선택이 되어야 한다. 즉, 모두가 동의한 건 당연히 존중해야 한다는 뜻이다.

마지막으로 비독재성은 한 사람의 의견에 끌려가지 않는 것을 말한다. 사회의 결정을 한 사람 마음대로 할 수는 없다. 반 전체가 김밥을 원해도, 선생님 한 명이 "난 라면!"이라고 해서 무조건 라면으로 정해지면 안 되듯이 말이다.

애로는 이 네 조건을 동시에 충족하는 사회적 선택 규칙은 존재하지 않음을 수학적으로 증명했다. 이것이 이른바 불가능성 정리Arrow's Impossibility Theorem다(Arrow, 1951). 이 정리는 사회적 선택이 원리적으로 불완전하다는 사실을 드러냈다. 다시 말해, 합리적인 개인들이 모여도 공정성과 합리성을 동시에 만족시키는 사회적 선호를 도출할 수 없다는 것이다. 따라서 민주주의가 있다고 해서 언제나 합리적이고 공정한 결과가 나오리라는 믿음은 환상일 수 있다.

그렇다고 사회적 선호가 무의미한 개념인 것은 아니다. 현실의 민주주의는 수학적 공정성보다는 절차적 정당성, 숙의 과정, 제도의 유연성, 시민의 학습과 변화 가능성을 포함한다. 완벽한 공정성은 불가능하더라도 다수의 동의와 소수의 수용을 얻는 절차적 과정은 가능하다. 즉, 사회적 선호는 단순한 여론의 집계가 아니라, 조율과 정의, 정치적 기술의 산물이다. 사회적 선택은 수학적 계산기를 돌리는 것이 아니라, 살아 있는 담론과 제도를 통해 형성된다. 애로는 사회적 선택의 수학적 한계를 증명했을 뿐, 사회적 선호의 정치적 실현 가능성까지 부정한 것은 아닐 것이다.

애로의 제자였던 아마르티아 센은 그의 이론을 비판적으로 계승했다. 센은 『집합적 선택과 사회복지Collective Choice and Social Welfare』와 『정의의 아이디어The Idea of Justice』에서 사회적 선호는 고정된 것이 아니라 공공 이성을 통해 형성되고 변화한다고 주장했다. 센에 따르면 개인의 선호는 단순히 주어진 것이 아니라, 제도와 사회적 담론 속에서 학습되고 수정된다. 사람들은 서로의 이유를 공유하고 토론하면서 더 공공적이고 정의로운 방향으로 선호를 바꿀 수 있다. 따라서 선호 미래를 향한 사회적 선택은 토론과 설득을 통한 공적 판단의 형성 과정이다. 이는 애로의 수학적 비관론과는 다른 가능성을 보여준다.

위르겐 하버마스도 유사한 문제의식을 갖고 있었다. 그는 『의사소통 행위이론』과 『사실성과 타당성』에서 사회적 정당성은 다수결이 아니라 합리적 의사소통과 합의를 통해 형성된다고 보았다. 사회적 선호는 개인의 사적 욕구의 집계가 아니라, 공공 담론 속에서 상호 이해를 통해 만들어지는 것이다. 하버마스에 따르면 모든 참여자는 평등한 발언권을 갖고, 위계나 강제 없이 진실성과 타당성을 검증받을 수 있어야 한다. 그렇게 형성된 합의는 단순한 다수결보다 훨씬 더 강한 정당성을 지닌다. 애로가 선호의 집계에서 공정성 조건이 충족되지 않는다고 본 반면, 하버마스는 선호 자체가 담론 속에서 정당성을 획득한다고 본 것이다.

하버마스의 주장은 현실에서 실험으로 증명되고 있다. 대표적인 사례가 아일랜드 시민의회다. 정부는 낙태, 동성결혼, 기후위기 같은 민감한 사안을 시민 참여를 통해 해결한다. 무작위로 추출된 약 100명의 시민이 전문가의 설명을 듣고, 토론을 거쳐 권고안을 마련한다. 예를 들어 2015년 국민투표를 통해 동성결혼이 합법화되었고, 2018년에는 낙태 전면 금지가 폐지되었다.

2023년 아일랜드는 마약 사용 문제를 다루기 위한 시민의회를 구성했다. 총 99명의 무작위로 선발된 시민과 독립 의장으로 짜였으며, 인구통계학적 특성을 국가 인구와 동일하게 맞췄다. 2023년 4월부터 10월까지 여섯 차례 주말 회의를 열며 활동했는데, 130명의 전문가, 실무자, 이해 관계자, 당사자와 경험자로부터 발표를 듣고 토론했다. 15시간 이상의 질의응답, 약 250시간의 원탁 토론, 800여 건의 공공·이해 관계자 제출물을 검토했다. 주제는 국제적 동향, 중독 원인, 사회적 피해, 형사사법 체계, 예방·치료·회복 등 다방면에 걸쳐 있었다. 시민의회는 2023년 10월 최종 표결을 통해 권고안을 확정했고, 2024년 1월 국회에 최종 보고서 제출로 활동을 마무리했다.* 이는 시민들이 단순히 의견을 표출하는 수준을 넘어 사회적 선호를 구체적인 정책으로 전환하는 사례다.

이 과정은 사회적 선호가 숙의와 절차적 정당성을 통해 형성되고 실현될 수 있음을 보여준다. 개인이 합리적 선호 미래를 발

---

* Citizens' Assembly. (2024, January). Report of the Citizens' Assembly on Drugs Use: Volume I, Foreword, Executive Summary, Meetings Summary and Recommendations. Dublin: Citizens' Assembly. Retrieved from https://citizens-assembly.ie/wp-content/uploads/CADU_Volume1.pdf

견해야 하듯, 사회도 합리적 선호 미래를 발견하고 실행해야 한다. 개인이 자기 꿈을 상상하지 못하면 남의 꿈을 좇다 소모되듯, 사회가 자기 미래를 상상하지 못하면 소수 엘리트들의 전략에 휘둘린다. 애로가 증명한 것은 '완벽한 공정성의 불가능'이지 '사회적 선호의 불가능'이 아니다. 센은 공공 이성을 통해, 하버마스는 의사소통적 합의를 통해 사회적 선호는 형성될 수 있음을 보여주었다. 개인이 자기 미래를 상상하고 조건을 마련할 때 삶이 달라지듯, 사회가 공동의 미래를 상상하고 제도를 실험할 때 역사도 달라진다.

형태발생적 미래의 등장

　미래는 단순히 열려 있는 것이 아니라 형태발생한다. 형태발생이란 생물학에서 유래한 개념으로, 개체가 발달하는 과정에서 새로운 형태가 창발하는 것을 가리킨다. 사회학자 마거릿 아처(1995)는 이를 사회 이론으로 확장하여, 구조가 개인의 행위를 제약하지만 개인의 행위가 다시 구조를 변화시키는 과정을 형태발생적 순환이라 불렀다.* 사회는 정태적인 것이 아니라 끊임없이 균열, 긴장, 재구성을 거치며 새로운 형태로 진화한다.

　기존의 사회 이론은 대체로 구조 결정론(사회구조가 개인을 규정)과 행위론(개인이 사회구조를 형성) 사이에서 갈등을 겪어왔다.

---

* Archer, M. S. (1995). *Realist social theory: The morphogenetic approach*. Cambridge University Press.

아처는 이 양극단을 넘어서기 위해 구조와 행위를 시간 속에서 구분하여 분석하는 방법을 제안했다. 구조와 행위를 한 시점에서 뒤섞어 이해하지 않고, 시간의 흐름 속에서 분리하여 보았다.

예를 들어 일정 시간 T_1에서 기존의 사회구조와 문화가 행위자에게 조건을 제공한다. 시간이 T_2와 T_3로 흘러가면서 행위자들이 주어진 조건에서 전략적으로 행동한다. 그 결과 T_4라는 시간에서 사회구조와 문화가 변화(형태발생morphogenesis)하거나 유지(형태보존morphostasis)된다. 형태발생은 사회구조가 변화·발생하는 과정이고, 형태보존은 사회구조가 유지·재생산되는 과정이다. 사회는 이 두 가지 동학이 상호작용하면서 변화하거나 유지된다.

아처가 변화를 이렇게 해석하는 데에는 그만의 시각이 있어서다. 그는 사회를 구조Structure(제도, 규칙, 자원 같은 객관적 사회조건), 문화Culture(신념, 가치, 지식, 담론 등 의미 체계), 그리고 행위Agency(개인과 집단이 실제로 수행하는 행동과 선택)가 상호작용하면서 변화한다고 보았다. 이 세 가지는 독립적으로 존재하면서도 서로 영향을 주고받는다. 사회 변동이 어떻게 발생하는지 동태적으로 설명할 수 있는 것이다. 그의 이론은 교육, 문화, 제도 변화 연구에서 많이 활용된다. 개인과 집단은 주어진 구조에 수동적으로 적응하는 존재가 아니라, 구조적 조건 속에서 새로운 질서와 의미를 창출하는 능동적 행위자다. 따라서 사회학은 시간 속에서 구조-문화-행위의 상호작용을 추적해야 한다는 것이 아처의 핵심 주장이다.

  이 관점을 미래학에 적용해보자. 미래는 단순한 선택지가 아니라, 기존 질서가 무너지고 새로운 질서가 창발하는 과정이다. 미래가 열린 가능성으로 존재한다는 말은 당연한데, 이 말이 성립되려면 미래가 발생한다는 가정을 받아들여야 한다. 그것은 현재의 질서와 선호 구조가 해체되고, 그 틈새에서 새로운 질서와 선호가 생성되는 사건이라는 뜻이다. 이런 점에서 김홍중 서울대 사회학과 교수의 주장은 흥미로운데 그는 『은둔기계』에서 "미래는 오지 않는다. 미래는 생산된다"라고 썼다. 미래는 개인이 아닌 집단이 만들어내는 그림이다. 따라서 문제는 '주어진 선호를 집계하는 완벽한 공식이 존재하는가'가 아니라 '선호가 어떤 과정을 거쳐 발생하고 재구성되는가'이다. 정치와 민주주의의 본질도 여기에 있다. 정치는 집계의 기술이 아니라, 새로운 선호와 의미 틀을 발생시키는 과정이다.

  아일랜드 시민의회는 이러한 관점을 잘 보여준다. 낙태, 동성결혼, 기후위기, 마약 문제와 같은 쟁점은 기존의 정치 구조로는 결정하기 어려웠다. 정당 정치와 의회는 첨예하게 갈라진 의견을 수렴할 능력을 잃었고, 사회 전체는 교착 상태에 빠졌다. 그러나 시민의회는 새로운 길을 제시했다. 이는 단순히 주어진 선호를 더한 결과가 아니다. 기존의 정치 구조와 가치 체계가 균열되고, 시민 참여라는 새로운 구조 속에서 새로운 의미 틀이 발생한 사건이었다.

형태발생적 민주주의는 아일랜드만의 이야기가 아니다. 2016년과 그 이듬해 한국 사회에서의 촛불집회는 단순히 대통령의 퇴진을 요구한 사건이 아니었다. 그것은 '우리가 어떤 사회를 원하는가'를 광장에서 다시 묻고, 사회적 선호를 재정의한 과정이었다. 촛불은 제도적 민주주의가 수렴하지 못한 시민의 선호를 폭발시켰고, 마침내 제도를 바꿔냈다. 이 사건은 선호가 고정된 것이 아니라, 행동과 담론 속에서 발생한다는 것을 강력히 증명했다.

주민참여예산제도라는 것도 선호가 발생하는 과정을 잘 보여준다. 처음에는 '우리 동네에 더 많은 예산을 달라'는 수준의 요구에서 출발했지만, 주민들은 시간이 흐르며 포괄적인 위원회의 구성과 위원 선정, 투명한 정보 공개, 공평하고 성찰적인 숙의 방식으로 선호를 발전시켰다.* 이는 선호가 학습과 협력 속에서 공공적 가치로 진화할 수 있음을 보여주는 사례다.

기후위기 문제에서도 형태발생적 민주주의가 요구된다. 탄소 감축, 에너지 전환, 생활 방식의 변화는 단순한 선택의 문제가 아니다. 그것은 사회 전체가 새로운 의미 틀을 만들어내야 하는 과정이다. 한국에서도 '기후시민회의' 같은 실험을 진행했다. 무작위로 뽑힌 시민들이 전문가의 설명을 듣고 토론하며, 기후 정책에 대한 구체적인 권고안을 도출했다.** 여기서도 중요한 것

---

* 예를 들면 다음의 논문을 읽어볼 것. 배정아, 엄인주. (2017). 「주민참여예산제도를 통한 지방정부의 숙의민주주의의 가능성 분석」, 『한국거버넌스학회보』, 24(3), 259~277.

은 선호가 처음부터 정해진 것이 아니라 학습과 숙의 속에서 발생한다는 점이다.

　이 모든 사례는 하나의 메시지를 분명하게 드러낸다. 사회적 선호란 집계의 문제가 아니라 발생의 문제라는 것이다. 형태발생적 시각에서 보면 사회적 선호는 끊임없이 균열되고, 조율되며, 다시 발생하는 가운데 비로소 살아 있는 힘을 갖는다. 민주주의란 고정된 선호를 단순히 더하는 장치가 아니라, 사회가 스스로 무엇을 원하는지를 탐색하고 재형성하는 과정이다.

　미래는 발생한다. 개인의 꿈이 조건과 맞물려 실현되듯, 사회의 선호도 담론과 실천 속에서 발생한다. 아일랜드 시민의회, 한국의 촛불집회, 주민참여예산제, 기후변화시민행동은 모두 그 증거다. 미래학은 주어진 선택지를 계산하는 기술이 아니라, 새로운 질서와 선호가 창발하는 과정을 목격하고 촉진하는 학문이다.

　구조와 문화, 행위가 시간 속에서 상호작용하며 사회적 질서를 만들어내듯, 사회적 선호 역시 담론·제도·행위자의 선택을 통해 발생한다. 집단적 미래는 불가능한 영역이 아니라 형태발생하는 가능성이 된다. 이러한 맥락에서 크리스 리디와 산드라 와독이 발표한 연구(2022)는 시사하는 바가 크다.*** 이들은 변

**　한국에너지경제연구원. (2021). 한국의 2050 탄소중립 시나리오: 내용과 과제. 한국에너지경제연구원
***　Riedy, C., & Waddock, S. (2022). Imagining trasformation: Change agent narratives of sustainable futures. *Futures*, 142: 103010

화를 추구하는 행위자들의 내러티브를 분석하며, 지속 가능한 미래를 향한 새로운 사회적 상상이 어떻게 등장할 수 있는지를 탐구했다. 사회 변혁을 꿈꾸는 이들은 어떤 이야기를 통해 미래를 상상하고, 그 이야기 속에서 어떤 사회적 선호를 만들어내는지 연구했다.

연구진은 전 세계 72명의 변혁 실천가들에게 온라인 설문을 실시했다. "미래를 이끌어갈 중요한 아이디어는 무엇인가?" "당신이 생각하는 미래의 주인공은 누구인가?" "당신이 꿈꾸는 미래 이야기를 들려달라." 이런 질문에 대한 응답에서 도출된 핵심 밈들은 매우 흥미로웠다. 예를 들어 참여자들은 자연과의 조화, 사회적 정의와 평등, 생태적 지속 가능성, 인간적 각성과 자각, 연대와 협력, 인간의 웰빙을 미래의 중심 가치로 꼽았다. 또한 우리 모두라는 집단적 행위자가 변혁의 주체로 등장했다. 이는 미래가 특정한 영웅이나 지도자에게 의존하는 것이 아니라, 평범한 사람들이 집합적으로 만들어가는 과정임을 강조했다.

특히 흥미로운 점은, 응답자들이 미래로 가는 서사 구조를 세 가지 방식으로 설명했다는 것이다. 첫째, 위기는 기존 질서를 뒤흔드는 계기로 작동한다. 둘째, 각성은 사람들이 기존 시스템의 한계를 깨닫고 다른 삶의 방식을 선택하도록 이끈다. 셋째, 집단적 행동은 새로운 제도와 문화를 정착시키는 원동력이 된다. 이 세 가지 서사 장치는 현재의 모순적 현실에서 바람직한 미래로 옮겨가는 이야기 구조를 형성한다.

이 연구에서 지적한 응답자들의 약점도 주목된다. 응답자들은 자연과 인간의 조화로운 공존, 새로운 경제 패러다임, 재생적 공동체, 보편적 웰빙과 정의라는 공통된 목표를 공유했지만, 거기에 도달하는 구체적인 경로를 설명하는 데에는 어려움을 겪었다. 많은 응답이 현재에서 미래로 어떻게 이동할지 구체적으로 이야기하는 데에는 미흡했다.

그럼에도 이들의 연구가 주목되는 이유는, 불완전한 이야기일지라도 사람들이 공유하고 반복하는 순간 그것은 집합적 의미가 되고, 새로운 선호와 제도를 떠받치는 사회적 기반이 되기 때문이다. 이들의 연구에서 가장 중요한 발견은 변화의 주체를 집단적 차원으로 확장한 것이었다. 위기와 각성은 변화를 위한 촉매제이며, 구체적이고 설득력 있는 내러티브가 집단적 행동을 가능케 한다. 결국 우리가 함께 만들어낸 이야기가 미래를 변화시키는 시작점이 된다.

미래 연습

작은 목소리로 미래 바꾸기

프로그램 개요

시간: 3시간

형식: 소그룹(5~7명) 토론 및 실습

목표: 개인의 문제의식에서 시작해 집단적 상상과 실천으로 이어지는 과정을 체험한다.

핵심 메시지: 미래는 고정된 것이 아니라 함께 상상하고 함께 실천할 때 발생한다.

단계별 구성 및 사례

1단계 개인의 불편 드러내기(30분)
- 활동: 각자 "나 혼자 힘으로는 바꿀 수 없다고 느끼는 사회적 불편"을 적는다.
- 사례: 한 학생이 "학교 식당에서 내가 원하는 만큼 밥이나 반찬을 선택할 수 없다"는 불편을 적는다. 당시에는 '내가 혼자 문제 삼아도 소용없다'고 느꼈다.
- 결과 학습: 모든 변화는 개인의 문제의식에서 출발한다. 문제를 말로 꺼내는 순간, 사회 변화의 씨앗이 된다.

2단계 불편의 구조 보기(45분)
- 활동: 소그룹이 선택한 문제를 문제 구조를 드러내는 다이어그램 Problem Tree[뿌리는 원인(제도, 관습, 문화), 줄기는 현재 드러나는 현상, 그리고 열매는 개인이 겪는 결과]으로 그려본다. 이 그림으로 학교 식당 문제를 구조적으로 분석한다.

  뿌리: 일괄 배식 제도, 식당 운영의 효율성 중심 문화
  줄기: 학생들은 개별 선택권이 없음
  열매: 학생들의 불편·불만, 식사 경험의 비인간화

- 결과 학습: 사회는 추상적 실체가 아니라 관계와 제도의 얽힘

이다. 개인의 불편은 언제나 구조적 맥락 속에서 발생한다.

3단계 미래 이야기 만들기(60분)
- 활동: 소그룹이 문제를 바꾸었을 때 가능한 미래를 짧은 이야기로 구성한다. 예를 들어 주인공은 변화의 주체로서 우리 모두 장애물은 기존의 구조적 불합리이고 전환점은 위기, 각성, 집단적 행동이며, 결말은 새로운 제도와 문화의 창발이다.

주인공: 불편을 느낀 학생 몇 명
장애물: 식당 측은 "효율이 우선"이라며 변화를 거부
전환점: 학생들이 설문조사로 목소리를 모아 결과를 게시
결말: 식당은 배식 방식을 바꾸고, 학생들은 원하는 만큼 선택 가능

- 결과 학습: 사회적 선호는 단순 집계가 아니라, 담론과 행동 속에서 새롭게 발생한다.

4단계 작은 행동 실험 설계(30분)
- 활동: 각자가 지금 당장 할 수 있는 작은 행동을 적고 공유한다.
- 사례: "나 혼자 불편하다고 말하는 대신 주변 사람들에게 의견을 물어보겠다." 설문조사나 SNS 글쓰기 같은 작은 실천이 제도를 바꿀 수 있는 계기가 된다.

- 결과 학습: 사회 변화는 임계 효과를 통해 일어난다. 한 사람의 작은 움직임이 다른 이들을 동참하게 하고, 결국 구조적 변화를 일으킨다.

5단계 공유와 성찰(15분)
- 활동: 각 그룹이 만든 미래 이야기와 작은 행동을 전시하고 서로 돌아본다.
- 사례: 어떤 그룹은 "기후위기를 해결하기 위한 시민회의" 이야기를, 또 다른 그룹은 "직장 내 불합리한 회식 문화 개선" 이야기를 제시한다.
- 결과 학습: 문제의식은 다르지만, 모든 과정은 개인→집단→구조로 이어진다. 미래는 이렇게 함께 상상하고 함께 실천하는 과정에서 만들어진다.

기대 효과

참여자들은 "나 혼자 어떻게 바꿔요?"라는 체념적 질문을 "나 혼자가 아니면, 무엇으로 바꾸겠는가?"라는 질문으로 전환한다. 작은 행동이 모여 사회적 선호를 바꾸고, 새로운 미래 질서를 발생시킨다는 점을 체험한다.

10장

장기적인 계획을
실현할 재원은
어떻게 마련하나요?

라마와 달리오의 조언, "작게 시작하라"

우리가 미래를 준비한다고 말할 때 떠오르는 질문에는 늘 재정 계획이 포함되어 있다. 장기적인 재정 계획은 저축이나 투자라는 기술적인 문제로 보일 수 있다. 그러나 나는 삶을 어떤 이야기로 엮어나갈 것인지에 관한 더 큰 차원의 서사적 전략으로 재정 계획을 정의하고 싶다. 돈은 미래를 살아낼 자원을 어떻게 설계하고 사용할지에 관한 하나의 서사다. 이런 서사는 나만의 가치관, 선택, 습관을 반영한다. 이 점을 잘 보여주는 사례를 하나 들어보자.

2022년 미국의 모바일 결제 플랫폼 '캐시 앱'은 "That's Money"라는 광고 캠페인을 선보였다. That's Money는 직역하면 '그게 돈이지'이지만 영어 문맥에서는 종종 '딱 맞다!' 또는 '완벽해!'라는 뜻으로 쓰인다. 이 광고 캠페인은 후자의 의미를 담고 있었다. 결론부터 말하자면 이 광고는 평범한 금융 광고와 다르다. 음악과 문화의 언어로 금융 교육을 풀어내려는 실험이며, 지금 우리가 다루려는 '장기적 재원 마련'이라는 주제와 맞닿아 있다.

이 영상을 제작한 사람은 켄드릭 라마와 그의 창작 파트너 데이브 프리였다. 두 사람은 함께 '피지랭pgLang'이라는 창작 스튜디오를 운영한다. 이 스튜디오는 새로운 언어와 소통의 규칙을 창안하고자 음악, 영상, 디자인을 결합해 새로운 문화 언어를 만들겠다고 선언한 바 있다. 켄드릭 라마는 세계적인 힙합 아티스트다. 그는 미국 사회의 불평등과 개인의 선택, 정체성의 문제를 음악과 영상으로 풀어내는 데 탁월한 역량을 보여왔다. 2018년에는 랩 가수로서는 처음으로 퓰리처상을 받으며, 대중문화와 예술의 경계를 허물었다.

그와 함께 영상에 등장하는 또 한 명은 레이 달리오다. 그는 세계 최대의 헤지펀드 중 하나인 브리지워터 어소시에이츠의 창립자이자 억만장자 투자자다. 금융업계에서는 그가 펴낸 『원칙Principles』이라는 책으로도 유명한데, 그는 불확실성이 지배하는 세계에서 어떻게 장기적인 안목을 가지고 투자해야 하는지를 강조해왔다. 그에 관해서는 조금 뒤에 다시 소개하기로 한다. 마지막 인물은 코미디언 겸 유튜브 크리에이터인 이그재비어티브이ExavierTV다. 그는 젊은 세대의 일상과 고민을 유머러스하게 풀어내는 콘텐츠로 주목받고 있으며, 이 광고에서는 자신의 '이발소 창업'이라는 소박한 꿈을 가진 청년으로 등장한다.

이야기의 줄거리는 단순하다. 이그재비어티브이는 이발소를 열기 위해 돈을 모았다. 그러나 순간적인 충동으로 도박에 빠져 모든 돈을 잃는다. 좌절한 그는 켄드릭 라마와 함께 발코니에 앉아 "이제 어떻게 해야 할까?"라는 질문을 던진다. 이때 켄드릭은 달리오에게 조언을 구한다. 달리오는 담담하게 이렇게 답한다. "안전한 것부터, 작게 시작하라. 그리고 무엇보다 자신에게 투자하라."

이 한 문장은 미래학이 강조하는 장기적 안목의 핵심을 담고 있다. 달리오의 조언에는 두 가지 중요한 메시지가 들어 있다. 첫째, 불확실성과 위험이 큰 선택보다는 작은 단위에서 안전하게 출발해야 한다는 것이다. 둘째, 외부 기회를 찾기보다 가장 확실한 투자는 자기 자신에게 하는 데 있다는 것이다.

자기 자신에게 투자한다는 것은 학위를 따거나 자격증을 취득하는 것만을 의미하지 않는다. 그것은 우리가 장기적으로 쌓아올릴 수 있는 모든 무형의 자산을 포함한다. 지식, 기술, 습관, 관계망, 일상의 삶을 운영하는 원칙 등이야말로 시간이 지날수록 복리의 효과를 내는 자산이다. 돈으로 사는 소비재는 금방 가치가 사라지지만, 자기 자신에게 투자한 역량은 시간이 갈수록 불어나며, 결국 오랜 기간 이어질 재정적·사회적 기반을 만들어준다.

이 광고 영상에서 켄드릭 라마는 돈을 단순히 물건을 사고파는 지불 수단으로 보지 않았다. 돈은 삶을 설계하는 언어이고, 우리가 어떤 이야기를 살고 싶은지를 드러내는 장치였다. 이그재비어티브이의 실패는 계획 없는 충동이 장기적인 서사를 어떻게 무너뜨리는지를 보여준다. 이에 대한 달리오의 조언은 단단한 서사를 어떻게 다시 시작할 수 있는지를 보여준다. 이쯤에서 달리오라는 인물에 대해 설명하는 것이 좋겠다.

　레이 달리오는 브리지워터 어소시에이츠를 통해 수십억 달러에 달하는 막대한 부를 축적하며 억만장자 반열에 오른 인물이다. 그는 2008년 미국발 경제위기를 불러일으킨 서브프라임 모기지 사태 이전부터 미국 금융 시스템의 과잉 부채 구조에 대해 경고했다. 브리지워터는 이 위기를 기회로 삼아 수십억 달러의 수익을 올렸고, 달리오는 '위기를 미리 본 투자자'로 명성을 얻었다. 그는 지난 500년의 역사를 분석해 제국과 국가의 흥망성쇠가 반복되는 빅 사이클을 주장하는 사람으로 유명한데, 특히 미국 달러 패권의 약화와 중국의 부상은 그의 주요 예측 중 하나다. 또한 그는 코로나19 사태를 전형적인 역사적 반복으로 보았다. '블랙스완'이라 불리는 사건들조차 실제로는 역사 속에서 주기적으로 나타나는 현상이라는 그의 해석은 세계 정책·투자 담론에 큰 파장을 일으켰다.

　우리가 살아가는 세계는 갈수록 불확실성이 더 크게 지배하는 곳이다. 기술 혁신은 기존 질서를 빠르게 뒤흔들고, 지정학적 갈등과 금융시장의 변동성은 한순간에 조직과 개인의 생존을 위협한다. 이런 상황에서 '장기적 계획'이라는 말은 아이러니하게 들릴 수 있다. 어차피 예측 불가능하다면 애초에 계획을 세우는 게 무슨 의미가 있을까? 그러나 달리오는 미래를 확정적으로 간주하는 계획은 쓸모없다며 적응적 항법이라는 관점을 제시한다. 적응적 항법은 불확실성을 돌파하는 실질적인 방법론으로 제시된다. 그가 지금의 위치에 이르기까지 어떤 과정이 있었는지를 살펴보자.

실패를 부검하자

1982년 달리오는 세계 경제가 대공황에 빠질 것이라고 확신했다. 그러나 그의 예측은 완전히 빗나갔고, 이 방향으로 배팅한 자산은 거의 파산에 이르렀다. 이 경험은 그의 삶에 중대한 교훈을 남겼는데, '나는 언제나 틀릴 수 있다'는 자각이었다. 매우 평범해 보이지만 그는 이런 깨달음 이후 자신의 직관에만 의존하는 한계를 극복하기 위한 의사결정 시스템을 구축하는 데 주력했다.

예를 들면 그는 회사에서 '생각하는 기계'라는 개념을 도입했다.* 브리지워터에서 달리오가 설계한 시스템은 단순히 인간을 배제한 자동화가 아니다. 그는 알고리즘이 인간적 사고에서 최선의 부분을 증폭시킨다고 주장한다. 브리지워터에서는 모든 의사결정이 기록되고, 분석되며, 평가된다. 수천 건의 결정을 축적하면, 어떤 판단이 성공으로 이어지고 어떤 것은 실패했는지를 데이터로 확인할 수 있다. 이 과정에서 인간의 직관은 버려지지 않는다. 그는 이를 '이중 추적'이라 부른다. 예를 들어 알고리즘이 내놓은 분석과 숙련된 전문가의 직관을 동시에 따르되, 두 결과가 엇갈리면 그 차이를 탐구한다. 오히려 이 불일치에서 가장 창의적이고 통찰력 있는 발견이 나온다는 것이다.

달리오의 철학에서 또 하나의 핵심은 '극단적 진실'과 '극단적 투명성'이다. 그는 대부분의 조직이 '사내 정치'에 시달린다고 비판한다. 즉, 사람들이 실제로 생각하는 바가 아니라 상사가 듣고 싶어하는 말만 하면서 조직은 반쪽짜리 진실 위에서 굴러간다. 브리지워터는 이 함정을 피하기 위해 불편하더라도 진실을 숨기지 않는 문화를 제도화했다.

그 상징적 사례가 '도츠Dots' 앱이다. 이 앱을 통해 직원들은 실시간으로 서로를 평가할 수 있고, 창립자인 달리오조차 평가 대상에 포함된다. 그는 절반의 진실과 사내 정치 놀음에 기반해 조직을 운영하는 것이야말로 훨씬 더 위험하다고 말한다. 더 나아가 '이견의 의무'를 만들어 누구든 반대 의견을 반드시 제기하도록 했다. 다만 단순히 반대하는 것이 아니라, 자신의 논거를

---

* 달리오의 실천 철학을 요약적으로 보여주는 다음의 기사를 읽어볼 것. Ravelli, E. (2025, February 2). Bridgewater founder reveals principles that revolutionized leadership and decision making. Saliremo

설명하고, 도전에 열려 있어야 하며, 데이터가 틀렸음을 보여주면 기꺼이 기존 생각을 바꿀 수 있어야 한다. 달리오는 이를 '사려 깊은 이견'이라 부른다.

달리오가 강조하는 장기적 계획의 또 다른 토대는 역사와 경제의 주기를 바라보는 시각이다. 그는 지난 500년의 역사를 분석하면서 제국의 흥망성쇠, 부채 사이클, 기술 혁명과 같은 패턴이 반복되었다고 주장한다. 인간 본성이 변하지 않는 한 이러한 사이클은 되풀이된다는 것이다. 달리오는 리더가 역사적 사이클을 이해하지 못한다는 것은 서퍼가 파도를 보지 않고 서핑하는 것과 같다고 말한다. 아무리 뛰어난 서퍼라도 파도를 보지 못하면 파도를 못 타고 거기에 휩쓸린다. 이런 관점은 결과를 정확히 예측해주지는 않지만 더 나은 결정을 내릴 수 있는 프레임 워크를 제공한다.

달리오는 실패를 몸의 고통처럼, 무엇을 고쳐야 하는지 알려주는 신호라고 본다. 브리지워터에는 '실패의 부검'이라는 것이 있다. 중요한 실패는 개인의 잘못을 추궁하는 대신 같은 실수를 반복하지 않도록 원칙을 추출하는 기회로 삼는다. 스트레스를 받을수록 조직이 더 강해지는 계기가 된다.

달리오에게 배울 또 다른 점은 여러 개의 미래 시나리오를 동시에 준비하고, 변화의 징후를 읽어내며, 그때그때 경로를 조정하는 방식이다. 목적지는 존재하지만, 그 길은 유연하고 살아 있는 시스템을 통해서만 도달할 수 있다. 달리오는 "작게 시작하되, 철저하라. 자기 결정을 기록하고, 실수를 분석하며, 무엇보다 자신에게 잔인할 정도로 정직해져라"라고 조언한다. 잊지 말아야 할 것은, 파도에만 집중하다가 조류, 즉 흐름을 놓쳐서는 안 된다는 것이다. 눈앞의 파도는 당장 조직을 흔들 수 있지만, 결국 우리 미래를 결정짓는 것은 더 깊은 흐름, 장기적인 사이클(조류)이다.

장기적인 계획을 실현할 재원을 마련하는 출발점은, 불확실성을 피하지 않되 작은 단위에서 안전하게 시작하는 것, 그리고 무엇보다 자기 자신을 가장 확실한 투자 대상으로 삼는 것이다. 조직과 사회도 마찬가지다. 미래를 향한 장기적 전략을 구축하려면 언제나 재정적 토대와 그것을 가능하게 하는 서사가 함께 설계되어야 한다.

꿈은 있는데 그래도 돈이 문제야

이제는 돈에 관해 이야기해보자. 사실 돈 문제는 단순히 지금 통장에 얼마가 있느냐에 관한 것이 아니다. 내 꿈이 앞으로 닥칠 수많은 변화에도 흔들리지 않게 만들 수 있느냐다. 핀란드 정부가 최근에 시도한 흥미로운 실험이 있다. OECD와 함께 만든 예견적 혁신 거버넌스AIG라는 모델인데, 쉽게 말하면 '미래에 갑자기 나타날 수 있는 문제와 기회에 대비하는 새로운 예산 운영 방식'이다.* 이들은 왜 이런 실험을 했을까? 지금의 세상은 기후 변화, 팬데믹, 기술 혁신처럼 앞날을 예측하기 어려운 변수로 가득 차 있기 때문이다.

* OECD. (2022). Anticipatory innovation governance model in Finland. OECD Observatory of Public Sector Innovation. https://doi.org/10.1787/6c8f9c64-en

핀란드가 강조한 핵심은 이머징 이슈다. 지금 당장은 작고 사소해 보이지만, 시간이 지나면 커다란 파도가 되어 몰려오는 변화들 말이다. 예를 들어 인공지능이 일자리를 바꾸는 속도, 기후위기로 인한 에너지 전환, 또다시 발생할 수 있는 감염병 위기가 있다. 문제는 이런 변화가 개인의 삶이나 작은 창업에도 직접적인 영향을 미친다는 것이다. 갑자기 직장이 위태로워지고, 사업 모델이 맞지 않으며, 생활비가 더 많이 들어갈 수 있다. 그래서 장기 재정 계획은 단순히 '오늘을 버티는 계획'이 아니라, 앞으로 등장할 이슈에 대응하는 안전 장치여야 한다.

핀란드 정부는 이런 문제를 해결하기 위해 '대응 예산'과 '실험 예산'이라는 개념을 만들었다. 대응 예산은 말 그대로 위기 상황에 대비하는 돈이다. 실험 예산은 새로운 현상이 나타났을 때 바로 써볼 수 있는 돈이다. 이게 우리 삶과 무슨 상관이 있을까.

사회 초년생이라면 매달 월급 중 일부를 '미래 대응 계좌'에 자동으로 떼어두는 게 좋다. 갑작스러운 실직이나 건강 문제에 쓸 수 있고, 새로운 배움이나 기회에 쓸 수도 있다. 창업가라면 운영비와는 별개로 '실험 자금 풀'을 만들어두라. 신기술 도입, 새로운 시장 테스트 같은 데 투자할 수 있는 돈이다. 실패하더라도 치명적이지 않게 규모를 정해두면 된다. 이렇게 안전한 돈과 실험용 돈을 분리해두는 것만으로도 인생의 안정성과 기회 포착 능력은 크게 달라진다.

핀란드가 강조한 것은 더 있다. 아무리 좋은 계획도 정권이 바뀌거나 제도가 달라지면 끊긴다는 문제다. 그래서 그들은 계획이 중단되지 않게 만드는 제도를 고민했다. 예를 들면 4년 단위로 바뀌는 정권 구조에서도 장기 과제가 연속해서 수행되도록 보장하는 장치가 있다. 이런 장치를 개인에게도 똑같이 적용해볼 수 있다. 직장이 바뀌거나 소득이 흔들려도 내 장기 목표는 끊기지 않아야 한다. 이를 위해 최소한 6개월에서 1년 치 생활비는 반드시 따로 준비해두는 것이 좋다. 창업가라면 외부 투자나 매출이 잠시 중단돼도 돌아갈 수 있는 버퍼를 확보하라. 계획은 멋지게 세우는 것보다 얼마나 오래 지켜낼 수 있는지가 더 중요하다.

많은 사람이 돈을 모으는 이유를 '혹시 모를 위기'에 두지만, 그건 반쪽짜리 명분이다. 돈은 위기를 버티는 안전망일 뿐 아니라, 새로운 기회를 잡는 기회망이 될 수도 있다. 예를 들어 갑자기 스타트업에서 초기 멤버로 합류할 기회가 왔다고 해보자. 혹은 새로운 시장에 소액 투자할 기회가 찾아왔다고 하자. 그런데 현금이 전혀 없다면 기회는 그냥 눈앞을 스쳐 지나가버린다. 따라서 장기 재정 계획에는 기회 대응 자금도 포함돼야 한다. 그래야 변화가 두렵지 않고 오히려 반가운 순간이 된다. 이런 내용을 종합하면 다섯 가지 가이드라인을 제시할 수 있다.

1. 미래의 이슈를 감지하라: 뉴스, 트렌드, 기술 흐름을 꾸준히 읽어라. 작은 신호를 놓치지 않는 습관이 필요하다.

2. **대응 예산을 마련하라**: 소득의 일정 비율을 '미래 대비 계좌'로 자동 이체하라.
3. **실험 자금을 만들어라**: 새로운 아이디어나 기술을 테스트할 수 있는 작은 돈을 따로 확보하라. 실패를 허용하는 돈이어야 한다.
4. **끊기지 않는 장기 계획을 세워라**: 환경이 바뀌어도 유지할 수 있는 최소한의 버퍼를 확보하라. 갑작스러운 변화(실직, 질병, 소득 감소)가 와도 최소한 몇 달은 버틸 수 있는 생활비의 확보, 계획이나 업무 일정에서 예상치 못한 돌발 상황이 생겨도 일정이 무너지지 않게 하는 방법, 조직에서 갈등이나 위기가 생겼을 때 대체할 사람, 대안 절차, 예비 시스템을 마련해두는 것 등이 버퍼다.
5. **기회를 위한 돈도 준비하라**: 위기뿐 아니라 기회에도 과감히 쓸 수 있는 자금을 확보해두라.

물론 가장 실존적인 문제는 돈이 없다는 사실이다. 그러나 돈이 없다고 해서 '계획 없음'으로 가는 게 아니라, 돈이 없을 때 가능한 최소 계획을 만드는 게 핵심이다. 예를 들어 대응 예산으로 한 달에 50만 원이 불가능하다면 1만 원이라도 자동 이체하는 것이다. 실험 자금도 1년에 한 번 '작은 배움 또는 작은 도전'을 시도해보는 수준으로 계획하면 된다. 미래 대비 재정 전략은 큰돈이 있어야 하는 계획이 아니라, 작은 돈이라도 모으는 훈련이다. 금액의 크기보다 중요한 것은 위기와 기회를 다른 주머니에서 다루는 습관이다. 그리고 개인이 혼자서 감당하기 어려운 영역은 사회 제도적 안전망과 연결해서 확장해야 한다.

　예산은 과거를 운영하기 위한 장부가 아니라, 미래를 설계하는 연필이다. 막 사회생활을 시작하고 있거나, 창업을 꿈꾸고 있는 사람에게 지금 필요한 것은 화려한 비전이나 거창한 목표가 아니다. 작지만 흔들리지 않는 재정 구조, 그리고 새로운 기회를 잡을 수 있는 준비된 손이다. 돈을 모으는 건 단순히 저축이 아니다. 그것은 내 삶의 미래를 지탱하는 기둥을 세우는 일이다. 그 기둥이 튼튼하다면 폭풍이 와도 버틸 수 있고, 햇살이 비칠 때 더 높이 올라설 수 있다.

미래를 읽는 기업들의 적응과 예견

　우리는 성공한 기업가를 떠올릴 때 '아이디어가 번뜩였다'거나 '순간의 결단이 있었다'는 식으로 이야기한다. 하지만 실제 연구들은 조금 다른 진실을 보여준다. 세계 여러 기업을 분석한 결과, 그들이 오래 살아남고 성과를 낸 이유는 단순히 현재의 문제를 잘 풀었기 때문이 아니다. 그보다는 다가올 미래를 얼마나 잘 내다보고 그에 맞춰 준비했느냐가 핵심이었다.

　미래학자들은 이런 활동을 기업의 미래 예측이라고 부른다. 이 분야에서 두각을 나타내는 덴마크의 경영학자이자 미래학자 르네 로르베크는 기업의 미래 예측을 조직이 미래의 경쟁우위를 확보하기 위해 수행하는 핵심적인 활동으로 정의한다.* 그는 미래가 단수가 아닌 복수의 가능성을 지니고 있으며, 변화 요인을 식별·분석할 수 있고, 기업이 전략적 선택을 통해 미래에 영향을 미칠 수 있다고 강조한다. 기업의 미래 예측은 환경 변화를 관찰하고 해석해 조직 차원의 대응을 유도하는 과정이며, 이를 통해 위험을 사전에 감지하고 혁신과 전략 개발을 촉진한다.

로르베크와 쿰(2018)은 기업의 미래 예측 활동이 성과에 미치는 영향을 실증적으로 분석했다.** 연구팀은 2008년 유럽 다국적 기업들의 미래 예측 성숙도와 환경적 필요성을 측정하고, 2015년까지의 7년 동안 재무 성과(수익성과 시가총액 성장)와 연결하는 종단 연구를 수행했다.

그 결과 환경의 복잡성과 변동성이 요구하는 수준에 맞춰 미래 예측을 하는 기업은 전체 조사 대상 기업들의 평균 대비 33퍼센트 더 높은 수익성과 200퍼센트 더 큰 시가총액 성장률을 기록했다. 반대로 미래 예측 활동이 부족한 기업은 성과가 뒤처졌다. 이 연구는 기업 예측이 단기 성과보다는 장기적 경쟁우위와 연결되며, 투자자와 경영자 모두에게 기업의 중장기적 회복력 및 경쟁력을 가늠할 중요한 지표가 될 수 있음을 강조한다.

기업들은 이를 통해 위기에도 흔들리지 않고 새로운 기회를 먼저 잡는다. 중요한 점은 이 능력이 대기업만의 이야기가 아니

---

* Rohrbeck, R., Battistella, C., & Huizingh, E. (2015). Corporate foresight: An emerging field with a rich tradition. *Technological Forecasting and Social Change*, 101, 1-9.

** Rohrbeck, R., & Kum, M. E. (2018). Corporate foresight and its impact on firm performance: A longitudinal analysis. *Technological Forecasting and Social Change*, 129, 105-116.

라는 것이다. 이제 막 창업을 준비하는 사람이나 작은 스타트업에도 똑같이 적용된다. 오히려 불확실성 속에서 살아남아야 하는 창업가일수록 더 절실하다.

기업들이 미래를 예측하는 이유는 크게 두 가지로 볼 수 있다(Marinković, Al-Tabbaa, Khan, & Wu, 2022).* 첫째는 적응이다. 이미 나타난 환경 변화에 뒤처지지 않기 위해 빠르게 따라가는 것이다. 신기술이 등장하면 제품을 바꾸고, 소비자 트렌드가 달라지면 마케팅 전략을 조정한다. 스마트폰 시장에서 노키아가 몰락한 이유는 적응에 실패했기 때문이다. 반면 새로운 흐름을 재빨리 포착한 기업들은 시장의 주역이 되었다.

둘째는 예견이다. 변화를 따라가는 것을 넘어, 다가올 변화를 미리 내다보고 선제적으로 준비하는 것이다. 변화가 본격적으로 닥치기 전에 앞서 전략을 짜고, 자원을 배분하며, 새로운 길을 개척한다. 테슬라가 전기차 시장에서 압도적인 선두를 달릴 수 있었던 것도 단순한 추종이 아니라, 10년 이상 앞서 '곧 올 세상'을 준비한 결과였다.

적응과 예견은 서로 다른 전략이지만, 동시에 보완적이다. 성공하는 기업은 현재의 변화를 빠르게 따라잡으면서도 미래의 가능성을 미리 설계한다. 이 두 가지 능력이 균형을 이룰 때 비로

---

* Marinković, Milan & Al-Tabbaa, Omar & Khan, Zaheer & Wu, Jie, 2022. "Corporate foresight: A systematic literature review and future research trajectories," Journal of Business Research, Elsevier, vol. 144(C), pages 289-311.

소 기업은 지속적인 경쟁우위를 확보할 수 있다.

창업가에게는 이 두 가지 모두가 필요하다. 상황이 바뀌면 유연하게 적응하면서도, 동시에 더 먼 미래를 내다보고 준비해야 한다. 그렇지 않으면 작은 파도에도 뒤집히거나, 기회가 왔을 때 손쓸 틈도 없이 놓쳐버린다. 예컨대 당신이 막 회사를 세웠다고 하자. 시장은 불안정하고, 자금줄은 언제 끊길지 모른다. 이때 장기적 재정 계획이 없다면 작은 위기에도 모든 것이 무너질 수 있다. 반대로 미리 대비해둔 자금이 있다면 위기를 견뎌낼 수 있고, 새로운 기회가 왔을 때 과감히 투자할 수도 있다.

여기 두 명의 창업가가 있다. 첫 번째는 눈앞의 성과만 바라본다. 매출이 나오면 전부 마케팅에 쏟아붓고, 위기가 닥치면 허둥대며 대책을 찾는다. 몇 년 못 가 자금난에 부딪혀 회사를 접는다. 두 번째 창업가는 달랐다. 그는 초기부터 장기적인 재정 계획을 세웠다. 수익의 일부는 반드시 '미래 대응 계좌'에 넣어두었다. 또 다른 일부는 새로운 아이디어를 실험하는 데 썼다. 위기가 와도 버틸 자금이 있었고, 기회가 올 때는 이미 준비된 자원이 있었다. 결국 그는 시장이 요동칠 때 오히려 더 빠르게 성장할 수 있었다.

연구들이 보여주는 것도 바로 이 차이다. 미래를 예측하고 그에 맞춰 재정을 설계한 기업은 더 오래 살아남고, 더 큰 성과를 낸다. 창업가에게 장기 비전은 선택이 아니라 생존의 조건이다. 그리고 그 비전은 공허한 꿈이 아니라, 구체적인 재정 계획 위에 세워져야 한다. 미래를 읽고, 변화에 유연하게 적응하고, 기회를 선제적으로 잡아야 한다. 이 모든 것을 아우르는 개념이 장기적 재정 계획이다.

미래 연습
장기적 재정 계획 수립 워크숍

1. 오프닝(15분)
■ 목표 소개: 장기 재정 계획을 추상적 아이디어가 아니라, 내 삶과 꿈에 맞는 구체적인 계획으로 바꿔보기.

■ 간단한 아이스브레이킹: "여러분이 최근에 돈을 써서 가장 만족스러웠던 경험은 무엇인가요?" 이는 재정이 단순한 숫자가 아니라 '이야기'임을 상기한다.

2. 나의 미래 스토리 그리기(30분)
■ 개인 작업: 5년 후, 10년 후, 20년 후에 내가 이루고 싶은 삶의 장면을 글이나 그림으로 그린다. 예: "나는 작은 카페를 운영한다." "나는 창업을 해서 팀을 키운다." "나는 세계 여행을 한다."

각 장면에 필요한 핵심 자원(돈, 기술, 네트워크, 습관)을 적는다.

- 소그룹 공유: 서로의 스토리를 나누며 이 꿈이 왜 중요한지를 짧게 이야기한다.

3. 이머징 이슈 카드 게임(30분)
- 준비물

미리 작성한 이머징 이슈 카드(예: 기후위기, AI 자동화, 팬데믹, 금융위기, 가족 돌봄, 신기술 기회 등).

- 진행 방법

참가자는 무작위로 2~3장의 카드를 뽑는다. 자신의 미래 스토리에 이 이슈들이 닥쳤을 때 어떤 영향을 받을지 상상한다. "AI 자동화가 오면 내 직업은 어떻게 될까?" "팬데믹이 다시 오면 내 창업은 어떻게 흔들릴까?" 그룹에서 각자의 사례를 공유한다.

- 핵심 메시지

장기 재정 계획은 이머징 이슈에도 버틸 수 있도록 설계해야 한다.

4. 대응 예산 vs 실험 예산(40분)
- 개인 작업

현재 소득과 지출 구조를 간단히 적어본다. 이번 장에서 제시한 내용을 활용해 '대응 예산'과 '실험 예산'을 나누어 설계한다.
- 대응 예산: 위기에 대비해 최소 6개월~1년 치 생활비 버퍼 마련
- 실험 예산: 새로운 기회, 학습, 작은 창업 실험 등에 쓰는 돈

■ 소그룹 토론

"당신은 대응 예산과 실험 예산을 각각 어디에, 어떻게 쓰고 싶은가?" "실험 예산을 활용해 가장 먼저 시도해보고 싶은 프로젝트는 무엇인가?"

5. 장기 비전 재정 로드맵(40분)

■ 개인 작업: 5년, 10년, 20년 단위로 재정 로드맵을 작성한다.
- 소득 구조: 월급, 창업, 부업, 투자 등
- 지출 구조: 생활, 자기 투자, 대응 예산, 실험 예산
- 목표 지표: 저축액, 투자 규모, 네트워크·학습 투자 비율

"작게 시작하라, 자신에게 투자하라, 실패로부터 배워라, 수익을 다변화하라, 감정을 통제하라", 다섯 가지 원칙과 연결해본다.

■ 소그룹 피드백

서로의 로드맵을 보고, 현실적으로 보완할 점과 강점을 짚어준다.

6. 마무리 성찰(15분)

■ 질문 나누기

오늘 작성한 계획 중 내일부터 바로 실천할 수 있는 작은 행동은 무엇인가? 이 워크숍을 통해 돈과 미래를 바라보는 태도에 어떤 변화가 생겼는가?

■ 기록하기

개인별로 오늘의 성찰을 적고, 한 달 후 다시 꺼내 보도록 한다.

■ 기대 효과

- 추상적인 재정 계획의 필요성을 실제 내 삶에 적용할 수 있다.
- 위기 대비(대응 예산)와 기회 포착(실험 예산)을 구체적으로 설계한다.
- 장기 재정 계획이 곧 내가 살고 싶은 이야기라는 점을 체감한다.

11장

**그래도
실패할까 두려워요.
그냥
남들 따라갈래요**

실패 고래를 만든 이잉 루의 이야기

트위터가 막 성장하던 시절 이용자들이 가장 자주 마주했던 화면은 화려한 혁신의 모습이 아니라, 멈춰버린 서비스와 함께 나타나는 묘한 일러스트였다. 하늘로 떠오르는 고래 한 마리를 여러 마리의 새가 힘겹게 들어올리는 그림. 이것은 호주 출신의 디자이너 이잉 루가 그린 '꿈꾸는 자를 들어올리기'라는 작품이었다. 그러나 트위터 사용자들에게 이 그림은 다른 이름으로 더 잘 알려졌다. 바로 '실패 고래'다.

서버 과부하로 서비스가 다운될 때마다 등장한 이 그림은 처음에는 짜증과 좌절의 상징이었다. 하지만 점차 사람들은 이 고래에게 농담을 던지고, 패러디를 만들고, 밈처럼 소비하기 시작했다. 실패의 순간이 전 세계 사용자들을 묶어주는 집단적 경험의 아이콘이 된 것이다. 아이러니하게도 '실패 고래'는 트위터가 성장하던 혼란의 시기를 상징하는 이미지로 남았고, 오히려 기업 문화와 사용자들의 정체성을 형성하는 데 기여했다.

 이 사례가 던지는 메시지는 실패가 때로 가장 강력한 집단적 상징이 된다는 것이다. 실패를 피하려고만 했다면 그 상징은 절대 만들어지지 않았을 것이다. 우리는 종종 실패 앞에서 움츠러든다. 그래서 나만의 도전을 계획하고 추진하기보다는 그에 따른 실패가 두려워 그냥 남들을 따라가는 전략을 세운다. 우리는 실패를 낙인으로 여긴다. 한번 실패하면 끝장이라는 불안이 습관처럼 따라다닌다. 대입 시험 점수, 직장에서의 성과 평가, 사회적 비교가 만들어낸 압박은 언제나 틀리면 안 된다는 강박을 강화했다.

 실패의 공포가 커질수록 사람들은 창의적 도전을 포기하고, 검증된 길을 따라간다. 다른 사람이 이미 밟은 길이라면 적어도 비난받지 않을 것이라는 안도감 때문이다. 하지만 그 길의 끝에서 기다리는 것은 안전이 아니라 평균화된 삶이다. 모두가 똑같이 걷는 길에서는 새로운 풍경을 만날 수 없다.

 이잉 루의 실패 고래 이야기가 특별한 것은, 실패를 부정하거나 회피하지 않고 오히려 문화적 자산으로 만들기 때문이다. 트위터의 서버 다운은 엄청난 약점이었지만, 아이러니하게도 사람들은 그 약점을 공유하며 함께 웃었고, 그것이 트위터 공동체를 단단하게 묶는 일종의 유머 코드가 되었다. 실패는 낙인이 아니라 공감을 매개하는 언어로 기능했다.

비슷한 사례는 많다. 성공적인 기업들은 대부분 실패의 연속 위에 세워졌다. 아이폰은 수많은 초기 시제품의 좌절 끝에 탄생했고, 우주 탐사의 역사는 실패한 발사와 폭발 실험의 기록 그 자체다. 실패를 피하려 했다면, 오늘날 우리가 당연하게 누리는 기술적 성취들은 존재하지 않았을 것이다.

실패를 피하려는 가장 흔한 전략은 '따라가기'다. 이미 성공한 모델을 모방하면 위험은 줄어드는 듯 보인다. 하지만 따라가기는 근본적으로 새로운 가능성을 봉쇄한다. 남을 따라가며 얻을 수 있는 것은 안전한 성취일 뿐, 새로운 상징이나 서사를 창조할 기회는 사라진다. 실패 고래는 바로 이 점을 역설적으로 보여준다. 트위터가 다른 성공 기업을 모방하며 안정성만 추구했다면, 트위터 직원이나 사용자들은 그 불안정한 시기에 만들어진 집단적 기억을 공유하지 못했을 것이다. 실패의 순간이 있었기에 그 시대를 함께 웃으며 버텨낸 경험이 탄생했다.

우리가 실패를 두려워하는 이유에는 사회적 평가, 개인적 불안, 경제적 위험 등이 겹겹이 얽혀 있다. 그러나 실패를 전혀 경험하지 않는 삶은 결국 미래의 가능성을 상실한 게 된다. 실패를 피하는 대신, 실패를 다루는 방식을 바꿔야 한다. 실패를 숨기지 않고 기록하면 그것은 학습의 자원이 된다. 실패를 타인과 나누면, 그것은 고립된 낙인이 아니라 집단적 경험으로 전환된다. 실패 자체가 아니라, 같은 실패를 되풀이하는 것이야말로 진짜 위험한 일이다. 이 과정은 개인뿐 아니라 조직에도 해당된다. 실패를 처벌하는 조직은 창의적 시도를 억압하고, 실패를 분석하는 조직은 혁신을 촉진한다.

비적응 지능이 발굴하는 미래

실패 고래 사례를 통해 실패의 순간이 집단적 상징으로 전환되는 장면을 살펴봤는데, 이를 다른 각도에서 조망하면서 더 논쟁적인 가설을 제시해보고 싶다. 실패를 피하려는 '적응'은 안전을 주지만 실패를 감수하는 '비적응'은 다른 세계로 통하는 문을 열 수 있다는 가설이다.

오해가 생기지 않도록 먼저 분명히 짚고자 하는데, 진화심리학과 인지과학에서 지능은 흔히 '적응'과 연결된다. 그런데 일부 논쟁적 가설은 지능의 어떤 측면이 직접적인 생존 적응이 아니라 '신호'로 발달했을 가능성을 제기하며 이를 비적응 지능 non-adaptive intelligence이라 부른다.* 이때의 '비적응'은 무능이나 방종이 아니라, 직접적 적응의 논리로 설명되지 않는 측면을 강조하는 이름이다. 부적응이 아니라 비적응이라는 것도 기억해두자.

진화생물학에서 '적응적'이라고 부르는 것은 통상 생명체가 환경에서 생존, 번식의 성공을 직접 높이는 기능을 할 때를 의미한다. 예컨대 두꺼운 털은 추위를 견디도록 하고, 빠른 다리는 포식자로부터 피할 수 있는 능력을 말한다. 그런데 지능이 미술, 음악, 체스 같은 생존과 직접적으로 무관한 활동에 쓰이는 걸 보면, 이게 과연 직접적 적응인가 하는 의문이 생긴다.

또 다른 예를 들어보자. 공작 수컷의 화려한 꼬리는 생존에는 불리하다. 그러나 그 불리함 자체가 건강과 저항성을 증명하는 신호가 되어 번식에서 이득을 만들어낸다. 이런 점에서 지능은 직접 적응의 도구가 아니라, 때로는 '쓸모없어 보이는 과잉'을 통해 자신을 증명하는 신호로 기능했을지 모른다는 가설을 제기할 수 있다. 실패를 피하며 다수에 적응하는 지능이 현재의 안전을 보장한다면, 실패의 위험을 감수하면서도 자신의 항로를 만드는 지능은 미래의 가능성을 연다. 불리함을 선택하는 행위가 오히려 정직함을 증명하며, 결과적으로 새로운 선택과 신뢰를 끌어당길 수도 있지 않을까.

그렇다면 적응적 지능과 구별되는 단어로 비적응 지능을 생각하게 된다. 여기서는 비적응이라는 단어의 역사적·학술적 맥

---

* Rózsa, L. (2008). The rise of non-adaptive intelligence in humans under pathogen pressure. *Medical Hypotheses*, 70(3), 685-690.

락을 설명한 뒤, 실천적 개념으로 재구성해 '남을 따라가는 적응적 지능'과 '실패를 용인하며 길을 창조하는 비적응 지능'을 대비해보려고 한다.

사람은 본능적으로 환경에 적응한다. 주변과 비슷해지면 위험이 줄고, 남들로부터의 비난을 피하며, 그에 따른 보상이 예측 가능해진다. 학교, 직장, 조직의 규칙은 이런 적응을 강화한다. 그래서 실패의 공포가 클수록 사람들은 다수의 규범과 검증된 절차에 자신을 맞춘다. 이것이 여기서 말하는 적응적 지능의 사회적 얼굴이며, 이는 단기적 생존에 유리하다. 하지만 새로운 가치 창출에도 이런 방식이 유용할까.

한편 비적응 지능에는 두 가지 층위가 있다. 학술적 층위에서 본다면, 지능은 직접적인 생존을 위한 것이 아니라 간접적 신호, 예를 들면 건강이나 저항성의 과시로 강화되었을 수 있다는 논쟁적 가설이 있다. 달리 말해, 지능은 곧 실용과 생존 도구라는 상식을 흔들며 한편으로 쓸모없는 것처럼 보이는 과잉과 낭비도 진화로 풀어볼 수 있다. 즉, 유용성의 눈금만으로 재단되지 않는 지능의 다른 면을 드러내는 것이다.

실천적 층위에서는 개인과 조직이 실패를 감수하며 규범 바깥에서 새 길을 만드는 능력을 가리킬 수 있다. 이것은 무모함이 아니라 의도적 일탈, 과감한 실험, 회복이나 증폭을 설계하는 용기다. 요컨대 비적응 지능은 직접적 적응의 틀에 포섭되지 않는 지능의 가치를 학술적으로 인정하는 동시에, 현실에서는 실패를 통해 경로를 바꾸고 상징을 바꾸는 능력으로 재개념화할 수 있다.

비적응 지능을 여러 측면에서 살펴보자. 우선 의사결정의 시간이라는 측면에서 적응적 지능은 과거에 효과가 입증된 규칙을 현재에 적용한다. 과거를 현재에 복제하는 것이 기본 모드다. 실패 확률은 낮지만, 기댓값의 상한도 동시에 낮아진다. 한편 비적응 지능은 현재의 맥락에서 미래로 이어질 새로운 규칙을 만든다. 현재를 바탕으로 미래를 창조하는 것이 기본 모드다. 과거의 사례를 복제하지 않고 새로운 도전을 추진하니 실패 확률은 높지만, 성공한다면 비선형 경로, 즉 현재와 다른 방향이 도출될 수 있다.

위험과 안전의 정의도 달라진다. 적응적 지능은 위험을 '규범에서 벗어나는 것'으로 본다. 그래서 평균으로 수렴된다. 비적응 지능은 위험을 '실패에서 아무것도 배우지 못하는 것'으로 본다. 그래서 실패를 데이터화한다. 앞서 레이 달리오가 경험을 데이터로 전환해 실패의 패턴을 분석하는 것과 같다.

사회적 신호와 정당성 측면에서 적응적 지능은 타인의 인정을 신속히 얻는다. 남들과 같다는 사실 자체가 안전의 신호다. 반면 비적응은 당장은 오해받는다. 그러나 실패를 상징으로 전환하면 새로운 정당성을 얻는다. 남의 인정이 아니라 이야기나 상징의 힘으로 정당화한다. 실패 고래는 결함의 상징이었다. 그런데 그 결함을 사용자들이 웃음과 연대의 상징으로 바꾸는 순간, 서비스와 사용자 사이에 새로운 관계 자본이 생겼다. 이 장면은 비적응 지능의 핵심을 보여준다.

비적응 지능을 개발하려면 실패를 숨기지 않고 드러내야 한다. 드러낸 실패를 이야기와 디자인으로 바꾼다. 바뀐 이야기가 새로운 신뢰를 만든다. 신뢰는 다시 새로운 실험을 할 수 있는 면허가 된다. 이 순환이 돌아갈 때, 사람과 조직은 남들이 깔아놓은 길을 복제하는 적응에서 길을 새로 창조하는 방향으로 이동한다. 실패가 많아질수록 시스템은 약해지는 것이 아니라, 올바르게 설계되었다면 오히려 충격을 흡수해 더 강해진다.

물론 비적응 지능은 만능이 아니다. 안전, 윤리, 규제 영역은 엄격히 적응적 지능을 적용해야 한다. 반대로 새 가치, 새 시장, 새 서사를 탐색하는 영역은 의도적으로 비적응의 비율을 높여야 한다. 예를 들어 회사의 핵심 작업인 표준화, 품질, 안전에는 적응적 지능을 90퍼센트, 비적응 지능을 10퍼센트 할애한다. 반면 탐색 과정, 예를 들면 신제품, 새로운 시장을 만들 때는 적응적 지능 20퍼센트, 비적응 지능을 80퍼센트 할애한다. 이 비율은 조직이 처한 환경과 경제적 조건, 감당할 수 있는 위험 내성에 따라 조정할 수 있다. 중요한 것은 적응과 비적응의 이중 체제를 설계하는 일이다.

"그래도 실패할까 두려워요. 그냥 남들을 따라갈래요"라고 말하는 순간, 우리는 현재의 질서에 자신을 내맡긴다. 그러나 그 질서는 우리 미래를 대신 책임져주지 않는다. 비적응 지능은 남과 같은 안전이 아니라, 나만의 항로를 선택하는 능력이다. 실패를 피하는 대신 실패를 데이터로, 원칙으로, 상징으로 바꾸는 기술이다. 남을 따라가서는 새로운 상징을 만들 수 없다. 실패를 두려워하지 말고 비적응할 필요가 있다. 더 나아가 비적응을 내 삶과 조직에서 잘 설계해 새로운 미래를 발명해보자. 이를 실행하는 방법에 관해서는 이 글 끝에 미래 연습으로 제안했으니 직접 따라서 해보길 권한다.

운명에 저항하는 것은 미래 예측의 본질

그를 처음 만난 건 그의 자택 인근에 있는 작은 회의실에서였다. 말투는 담담하고 유쾌했지만, 문장 사이사이에 박힌 생각의 밀도는 촘촘했다. 그는 스스로를 "사변소설을 쓰는 SF 작가"라고 소개했다. 휠체어를 타고 생활하며, 장애라는 조건에서 비롯된 감각과 시야로 세계를 관찰한다. 그리고 그 관찰을 가상의 세계로 옮겨 '이상함'을 증폭시키며 사고실험을 이어간다. 내가 그를 '이머징 시티즌', 즉 사회가 아직 이름 붙이지 못한 가능성을 먼저 살아내는 시민으로 조명하고 싶다고 말했을 때 그는 고개를 끄덕였다.

그는 SF 작가 최의택이다. 그는 일상에서 휠체어로 이동하며, 장애와 '보이지 않는 존재들'을 전면에 세우는 사변소설을 써왔다. 『슈뢰딩거의 아이들』 『비인간』 등의 작품에서 그는 장애인 분리 교육, 접근성 차별, 비非인간 주체를 통해 사회의 '이상함'을 집요하게 드러낸다. 그는 미래를 뜯어고치는 태도, 즉 운명에 저항하는 비적응 지능을 자신의 삶과 글쓰기를 통해 가장 설득력 있게 보여준다.

그는 소설을 쓰기 전 '대한민국 거리에서 왜 장애인은 보이지 않는가'라는 의문을 품었고, 그게 그의 소설의 씨앗이 되었다. 이런 의문이 들면 그는 파일을 열고 '일지' 폴더를 만든다. 매일 느리고 성실하게 생각을 적는다. 문장들이 차곡차곡 쌓이면 어느새 장편의 골격이 된다. 그는 서사를 개조하는 작가이자 미래를 지속적으로 수정하는 기술자다. "구상을 최소로 해서 시작하고, 쓰면서 줄거리와 결말이 바뀌는 걸 즐긴다"는 그의 말은, 예측을 확정이 아니라 갱신으로 다루는 태도다.

그의 산문에는 눈을 확 뜨이게 하는 문장이 있다. "바닥의 정의를 나날이 갱신하던 중에 나는 다시 한번 내 미래를 뜯어고쳤다." 그가 말한 바닥은 흔히 뜻하는 절망의 끝이 아니다. 매일의 생활을 유지하기 위해 치러야 하는 시간, 통증, 수치심, 돈, 관계의 비용을 스스로 점검해 이 선을 넘기면 내가 무너진다라고 표시해두는 최저선에 가깝다. 그는 그 선을 날마다 다시 그었다. 휠체어를 타고 학업 일정을 소화하며 장소를 이동하는 것, 자신을 도와주는 사람들의 조율, 재활 치료 등으로 하루를 다 소모하기 일쑤였다. 제도 안에서 그는 장애가 있는 학생이라는 신분으로 관리되었지만, 작가로서의 시간과 판단은 계속 유실되고 있었다. 그렇게 '바닥의 정의'를 갱신하던 중 그는 깨달았다. 이 코스를 따라가면 살아남기는 하겠지만, 내가 살아 있는 이유, 즉 쓰고 상상하고 증언하는 일은 서서히 말라간다. 그래서 어느 날 아침 부모에게 말했다. "오늘 자퇴할 거야."

그가 기록한 감정은 허망함이었다. 울컥 솟구친 울음은 과거의 삶을 스스로 접는 의식이었고, 동시에 새 삶을 위한 여백을 확보하는 행위였다. 그는 되돌아보며 후회는 없다고 말한다. 그날 이후 그는 하루의 구조를 다시 짰다. 통증과 이동을 고려해 작업 가능한 시간대를 먼저 확보하고, 그 위에 재활과 생계를 얹었다. 작품 구상은 '일지' 폴더에 일단 적고, 가능한 분량만큼 쓰되 자주 결말을 갈아엎는 방식으로 진행했다. 이 선택은 운명을 거스르는 제스처가 아니라, 내 삶의 궤도를 스스로 교정하는 기술이었다.

그가 포착한 '이상함'은 장애에만 머물지 않는다. 그는 '비인간'이라는 렌즈로 어린이, 노인, 동물, 로봇, 인공지능까지 한 프레임에 놓는다. "존재하는데 존재하지 않는 것처럼 존재하는" 이들을 향한 사회의 습관적 배제를 추적한다. 장애인이 등장했다는 올림픽 경기의 기사 하나, '노키즈 존' 논쟁 하나가 그의 세계관에서 거대한 실험장으로 확장된다. 미래는 타자에 대한 태도에서 먼저 온다. 인공지능이 윤리적 의식을 갖춘다면 어떻게 대할 것인가? 인간은 늘 타자를 배제해왔다. 그렇다면 예측의 윤리는 질문을 바꾸는 데서 시작된다. "그들이 우리와 같아질 때까지 기다릴 것인가, 아니면 우리가 경계를 먼저 낮출 것인가."

그의 작업 과정은 '비적응 지능'의 교과서다. 비적응 지능은 무모함이 아니다. 규범 바깥에서 작은 증거를 설계하고, 빠르게 배우고, 즉시 고치는 능력이다. 그는 소설을 통째로 다시 쓰는 사람이다. 가능성이 보이면 즉시 버리고, 더 나은 구조로 갈아탄다. 이 결단은 체념이 아니라 가속 장치다.

그의 상상은 기술과도 손을 맞잡는다. 애플 비전 프로, BCI 같은 접근성 기술에서 그는 '나의 일상'과 '미래의 기술'이 만나는 지점을 본다. 윤리 논쟁이 따라붙지만 그는 일반화된 이후가 아니라 지금 써보고 싶다고 말한다. 이 솔직함은 예측의 태도와 닿아 있다. 먼저 접촉하고, 먼저 수정하라. 미래는 교과서의 장이 아니라, 몸의 감각으로 미리 당겨와 확인하는 프리뷰다. 그는 장애를 극복의 언어가 아니라 역할의 언어로 바꾼다. "장애인으로서도 충분히 살아갈 수 있는 사회", 이 선언은 동정의 감정이 아니라 운영 매뉴얼이다. 경사로, 문턱, 차별과 배제를 만날 때마다 그는 이것들이 사라지는 미래를 구성한다.

여기서 우리는 미래 예측의 본질을 다시 정의할 수 있다. 미래 예측은 운명에 대한 해설이 아니라, 운명에 대한 항의서다. 예측은 그럴 것이다를 적는 기술이 아니라, 그렇게 두지 않겠다를 실행하는 기술이다.

최의택의 세계에서 예측은 다음 네 단계로 작동한다. (1)이상

함을 본다: 거리에서 사라진 존재, 금지 표지판이 달린 존재, 불편해서 생략된 절차. (2)작게 증명한다: 일지, 장면, 대사, 미니무대. (3)빠르게 고친다: 통째로 다시 쓰기, 결말 선회, 구조 재배치. (4)기록을 남긴다: 바꾼 이유, 바뀐 결과, 다시 안 할 일의 목록. 이 네 단계가 돌기 시작하면, 미래는 수동태가 아니라 능동태로 변한다. 사회가 미리 써둔 시나리오를 잘 연기하는 것을 넘어서, 시나리오 자체를 다시 집필하는 사람이 된다.

그는 또 한 가지 중요한 작업 스킬을 보여준다. 낯선 길을 만날 때마다 새로운 표지판을 세운다. 표지판이 늘어나면 길은 점차 복잡해진다. 사람들은 이 길을 보고 우왕좌왕한다. 이때 그는 스스로 묻는다. '내가 이 혼란을 감당할 수 있을까?' 바로 이 지점이 미래 예측의 윤리적 고비다. 이를 넘어서면 혼란은 무능의 징후가 아니라 관성에서 깨어나고 있다는 신호다. 지도에 없던 길을 그리면, 길의 이정표가 잠시 과잉이 된다. 그러나 그 이정표 덕분에 다음 사람은 덜 헤맨다. 혼란은 비용이 아니라 투자다.

그렇다면 우리는 그에게 무엇을 배울 것인가. 허망함을 두려워하지 말자. 그 감정은 이전 질서가 무너질 때 생기는 진공이며, 새 문장이 들어설 공간이다. 작게 증명하자. 거대한 명분보다 작은 증거가 사회를 움직인다. 그리고 빨리 버리자. 가능성이 보이면 지체하지 말고 이전의 구조를 걷어내자. 마지막으로 무대를 스스로 만들자. 허락받은 자리를 기다리지 말고, 지금 있는 자리에서 표지판을 세우자. 이것이 비적응 지능을 향상시키는 네 가지 기술이다.

   나는 이제 예측을 다른 말로 바꿔 부르고 싶다. 운명 반납. '당신의 운명은 이렇다'는 통지서를 받으면, 우리는 그 종이를 조용히 접어 돌려준다. "아니요, 제 미래는 제가 다시 쓰겠습니다." 최의택은 그 문장을 이미 살아내고 있었다. 바닥의 정의를 갱신하고, 일지를 쌓고, 결말을 바꾸고, 무대를 만들고, 기술과 손잡고, 표지판을 세우는 사람. 그가 걸어간 길 위에서 우리는 배운다. 미래는 맞히는 것이 아니라, 바꾸는 것이다. 그리고 바꾸는 일의 첫 문장은 언제나 같다. "오늘, 내 미래를 뜯어고친다."

미래 연습
비적응 지능 활용해보기

비적응은 '튀는 행동'이 아니라 내 뜻을 지키면서도 실패를 감당할 장치를 미리 만들어두는 삶의 설계다. 남들의 기준을 따라 안전을 복제하는 대신, 작게 시작하고 빠르게 배우며 바로 고치는 방식으로 나만의 항로를 연다. 아래 제안은 생활(버팀목), 평판(신뢰), 관계(동료), 작업(작은 증명)의 네 축으로 구성된다.

1. 생활: 버티는 힘부터 만든다

사회적 인정이 약한 길은 초반에 돈과 시간의 압력이 가장 거세다. 이상보다 먼저 버팀 장치를 깐다.

1) 최소 생활비 표(세 줄로 끝낸다)

- 고정비(월세, 공과금, 통신): _____원
- 꾸준히 드는 비용(교통, 식비, 장비): _____원
- 변동비(여가, 교류, 여분): _____원

⇨ 3개월 치 버팀 비용을 계산해 메모장 첫 장에 둔다. 목표는 "이 금액만 벌면 다음 3개월을 버틴다"는 심리적 안전망 확보다.

2) 3-2-1 시간 배분법

- 3: 생계 시간(주 3일) — 최소 생활비를 책임지는 일
- 2: 증명 시간(주 2일) — 나의 길을 보여주는 핵심 작업
- 1: 실험 시간(주 1일) — 실패를 허용하는 새로운 시도

⇨ 생계를 포기하지 않되, 뜻을 미루지도 않는 균형을 강제로 만든다.

3) 불이익 목록과 대응 문장

사회가 인정하지 않는 길엔 불이익이 따른다. 예를 들면 가족의 반대, 낮은 수입, 모욕감 등을 마주할 수 있다. 이를 미리 적어 보자.

- 예상 불이익: ①수입 변동 ②가족 우려 ③경력 공백
- 내 대응 문장:

수입 변동 ⇨ "3개월 버팀 비용을 이미 마련했고, 추가로 ○월까지 생계 시간을 늘린다."

가족 우려 ⇨ "한 달에 한 번 결과를 요약해서 공유하겠다."
경력 공백 ⇨ "작업 기록과 추천 글로 공백의 근거를 만든다."

2. 평판: 제도권의 보장이 없어도 신뢰를 쌓는 법

공식적인 인정이 약할수록 작은 신뢰를 촘촘히 쌓아야 한다. 널리 알리기보다 깊게 인정받기를 택한다.

1) 첫 다섯 명의 법칙
내 작업을 진심으로 지지할 다섯 명을 찾는다. 지인, 선배, 현장 사용자 등일 수 있다. 이들에게만 내 계획을 먼저 보여주고 의견을 받는다.
- 약속: "두 달 동안은 다섯 명에게만 공개하고, 받은 의견을 반영한 다음 바깥으로 나간다."
- 이유: 불특정 다수의 평가보다 깊은 피드백이 평판의 씨앗이 된다.

2) 증거 꾸러미(세 가지면 충분)
- 사용 전후 비교 한 장(사진, 문장)
- 받은 편지 세 통(도움이 됐다는 구체적인 문장)
- 실제 적용 사례 한 건(누가, 무엇을, 어떻게 바꿨는지)

이 세 가지만으로도 '말'이 아니라 '증거'로 신뢰가 쌓인다.

3) 작은 공적 무대 하나

큰 상이나 공모보다 가까운 제도와의 작은 연결이 유효하다. 도서관 강좌 1회, 마을회관 대관 전시 1회, 학교 동아리 특강 1회, 동네 축제 체험 부스 1회 등을 들 수 있다. 한 번의 공식 일정은 '이곳에서 이것을 했다'는 설명을 명쾌하게 해준다.

3. 관계: 혼자 서되 혼자만 서지 않는다

사회가 인정하지 않는 길일수록 함께 버틸 사람이 필요하다. 동지를 만드는 방법도 설계한다.

1) 동지 지도(세 동그라미)

- 같은 길을 걷는 사람(협업, 정보 교류)
- 다른 길을 가지만 나를 응원하는 사람(정서적 지지)
- 나에게 엄격한 사람(현실 점검)

⇨ 각 동그라미에 세 명씩 이름을 적고, 월 1회 안부나 작업 공유를 습관으로 만든다.

2) 부탁의 문장과 거절의 문장

- 부탁: "○○를 30분만 봐줄 수 있을까요? 두 가지 질문만 드리겠습니다."
- 거절: "지금은 제 작업의 흐름을 지키기 위해 어려울 것 같아요. 다음 달에 다시 연락드릴게요."

이렇듯 부탁과 거절의 문장을 미리 정해두면 관계가 상하지 않는다.

3) 평판 회복 3단계(틀어졌을 때)

- 사실 설명(돌려 말하지 않음)
- 내 몫의 책임(변명 대신 수정 약속)
- 다음 약속(언제, 무엇을 어떻게 바꿀지)

신뢰는 완벽함이 아니라 수정 능력에서 나온다.

4. 작업: 사회가 아직 인정하지 않아도, 나만의 작은 증명 만들기

핵심은 말이 아니라 작은 증명이다. 크지 않아도 된다. 정확하고, 반복 가능하면 된다.

1) 작은 증명표(한 장)

- 무엇을 만들 것인가(한 줄)

- 누구를 위해 만들 것인가(한 줄)
- 두 주 동안 어디까지(날짜와 범위)
- 잘된 신호 두 가지와 멈출 신호 두 가지
- 끝나고 바꾼 점 한 가지

격주마다 한 장이면 충분하다.

2) "미리 망했다고 가정해보기"(시작 전에 5분)

"이번 시도가 망했다면 왜 망했을까?" 세 가지 적기. 이 세 가지를 작업 책상에 붙여둔다.

3) 하루 다섯 줄 기록

오늘 한 일 / 들은 말 하나 / 예상 밖의 신호 하나 / 오늘 배운 문장 / 내일 바꿀 한 가지

4) 끝날 때 "돌아보기"(10분)

- 다시는 하지 않을 한 가지(이유 포함)
- 이어갈 한 가지(다음 일정 포함)

매번 담담한 돌아보기로 습관화한다.

5. 실제 사례로 본 비적응 설계

사례 A: 독립 연구자(제도권 밖에서 보고서 발표)

생활: 주 3일 계약 강의로 고정비 충당, 주 2일 분석과 집필, 주 1일 인터뷰와 현장 동행.

평판: 첫 5명(현장 실무자·교사·기자)에게 초안만 공유, 받은 수정 의견을 반영해 '사용 전후 비교 한 장' 제작.

관계: 도서관 1회 강연으로 작은 공적 무대 확보.

작업: 2주 주기로 소규모 지역 데이터를 분석해 '동네별 변화 지도' 한 장씩 공개.

실패: 보도가 안 됨 ⇨ 주장을 줄이고 사례를 늘린다로 수정, 다음 달 다시 배포.

의미 지표: 자료를 요청하는 연락 수, 다음 분석을 함께하자고 제안한 협업 제안 수.

사례 B: 언더그라운드 창작자(음악·일러스트)

생활: 카페 파트 타임 주 2일, 작업실 주 3일, 주 1일은 협업 실험.

평판: 첫 5명으로 소규모 시청회, 받은 편지 세 통과 적용 사례 한 건(다른 뮤지션이 재해석)을 증거 꾸러미로 축적.

관계: 동네 축제에서 부스를 한 번 열고, 지역 입주 작가 프로그램에 한 번 지원. 합격이든 불합격이든 그 과정 자체가 무대가 된다. 프로그램 기록, 행사 사진, 소개문, 받은 피드백과 연락처

가 남아 작은 증명이 차곡차곡 쌓임. 무대는 허락받아 올라가는 곳만이 아니라 내가 만든 자리가 곧 무대다.

작업: 두 주에 곡 하나 완성 후 공개. 조회 수보다 현장 초청 연락 수를 지표로 인정.

실패: 혹평 발생, 사실 설명(내 몫 인정), 다음 약속의 3단계로 대응, 곡 설명글을 손본다.

사례 C: 동네 활동가(야간 청소년 작업실 운영)

생활: 낮에는 공공 일자리 주 3일, 밤과 주말에 공간 운영.

평판: 첫 5명(부모 2, 청소년 2, 교사 1)에게 운영 규칙 초안을 보여주고 반영.

관계: 학교 동아리 연계 1회, 주민자치회 보고 1회로 제도의 작은 다리 놓기.

작업: 격주마다 활동 전·후 한 장 기록과 변화 이야기 한 건을 뉴스 레터로 발송.

실패: 소음 민원 ⇨ 운영 시간과 방음 규칙 수정, 변경 일지에 날짜, 이유, 결과를 남긴다.

6. 허영 지표 말고 의미 지표 만들기

- 돌아온 연락 수: 자료나 작업을 더 보고 싶다는 요청

- 재방문·재사용 수: 한 번 본 사람이 다시 쓰는지
- 깊은 피드백 수: 구체적인 문장을 남긴 의견(단순 좋아요라는 피드백 수는 평가에서 제외)
- 협업 제안 수: 함께하자는 초대
- 되풀이 줄이기: 같은 실수의 재발 비율(최근 10건 중 몇 번)
- 수정 속도: 문제가 드러난 뒤 방향을 바꾸기까지 걸린 일수

⇨ 조회수·팔로워 대신, 현실을 움직인 신호를 본다.

7. 8주 실행표(그대로 따라하자)

■ 1~2주차

최소 생활비 표 완성, 3-2-1 시간표 적용 시작. 첫 5명 목록 만들고 연락. 작은 증명표 1장으로 첫 작업 시작. 하루 다섯 줄 기록 시작.

■ 3~4주차

첫 작업 공개(5명에게만). '미리 망했다면' 세 가지 점검, 돌아보기 작성. 증거 꾸러미(사용 전·후 한 장, 편지 세 통, 적용 사례 한 건) 만들기. 작은 공적 무대 한 건 확정(도서관/동네 축제 등).

■ 5~6주차

두 번째 작업 착수(첫 결과를 반영). 변경 일지 시작: "무엇을 왜 어떻게 바꿨는가" 한 줄씩 기록. 평판 회복 3단계 훈련(문제 상황

가정 후 문장 연습).

■ 7~8주차

한 달 소식지 발송: 배운 점 세 가지, 다음 달 계획 한 가지. 의미 지표 점검(돌아온 연락·협업 제안·되풀이 줄이기·수정 속도). 다음 8주 계획에서 이어갈 한 가지 활동과 그만할 한 가지를 결정.

8. 경계선은 분명히: 절대 넘지 말 것

안전, 건강, 법, 개인정보, 약자 보호와 관련된 일은 실험 대상이 아니다. 모든 시도는 설명 가능해야 한다. "왜 지금 이 방법을 쓰는지, 문제가 생기면 어떻게 멈추는지"를 스스로 말할 수 없으면 아직 준비가 덜 된 것이다.

사회가 아직 인정하지 않는 길을 택한다는 것은 남의 시선과 싸우는 일이 아니라, 나의 버팀 장치를 먼저 세우는 일이다. 생활비를 정직하게 계산하고, 시간을 세 갈래로 나누고, 첫 5명에게서부터 신뢰를 모으자. 불이익을 예상하고 대응 문장을 준비하자. 작은 증명을 격주마다 쌓고, 돌아보기로 바로 고치자. 그러면 실패는 흠집이 아니라 표지판이 된다. 이 표지판들을 따라가다 보면, 비록 속도는 느릴지라도 결국 내가 가야 할 길이 뚜렷해진다. 그것이 비적응 지능의 힘이다.

에필로그
갈 길을 잃어버린 줄도 모르는 이에게

    예측이라는 말은 미래학자만의 전유물이 아니다. 사실 개인의 삶에서도 가장 절실한 물음이다. 왜냐하면 우리가 미래를 묻지 않으면, 결국 우리는 타인의 시간표 위에서 살아가게 되기 때문이다. 남들이 짜놓은 길을 따라가며, 지금의 유행에만 매달리는 삶은 자기 삶의 주인이 아니라 단순한 승객으로 살아가는 것과 같다. 하지만 스스로 미래를 묻는 순간, 우리는 삶의 선장이 된다.

    우리가 다시 예측의 힘을 생각해야 하는 이유는 역사 속에서 이미 격변과 혼란의 시대를 경험했기 때문이다. 미래학자 김진현은 한국 현대사에서 가장 격변한 시기를 1876년 강화도조약 체결부터 1953년 한국전쟁 종전까지의 77년으로 보았다. 이 시기에 태어난 사람들은 한 개인이 감당하기에는 너무나 가혹

한 격변기를 겪었다. 박경리의 소설 『토지』에는 이 시대 사람들의 삶이 절박하게 기록되어 있다. 죽을 때까지 이름을 숨기고 살아간 사람, 세상과 등진 사람, 민란의 소용돌이에 휩쓸려 들어가 목숨을 잃은 사람, 끝없이 빚에 시달리며 떠돌던 사람, 돈만 좇다 결국 희생양이 된 사람들. 평범한 일상을 지키는 것이 가장 어려운 시대였다.

그러나 그 격변의 77년이 끝난 뒤 우리는 또 다른 77년을 맞이했다. 1953년 이후 지금까지 전례 없는 풍요와 자유를 경험했다. 눈부신 경제성장과 민주주의의 성취, 세계적인 문화와 과학기술의 발전까지 이어졌다. 그러나 순환론적 사고로 본다면 이제 또 다른 전환점에 서 있는지도 모른다. 만약 1953년부터 이어진 77년의 번영이 2030년을 기점으로 끝난다면, 그 이후의 77년은 어떤 시대가 될까.

2030년은 단순한 숫자가 아니라 지구의 운명을 가늠할 분기점이다. 2015년 파리협정에서 약속한 온실가스 감축 목표의 첫 성적표가 공개되는 해가 바로 2030년이다. 성공적으로 감축이 이루어졌는지, 실패로 끝났는지에 따라 21세기의 남은 시간이 희망이 될지 절망이 될지가 결정된다. 기후변화에 관한 정부간협의체 같은 국제기구의 보고서는 이미 경고하고 있다. 지구 온도는 기존 예측보다 더 빨리 상승할 것이며, 2021~2040년 섭씨 1.5도 상승이 현실화될 수 있다고 말이다.

여기에 더해 코로나19 변종의 재확산, 러시아·우크라이나 전쟁과 같은 국제 갈등, 인공지능의 급속한 확산으로 수많은 인간 일자리 대체, 극심한 사회 양극화와 고령화, 개인들의 사회적 고립과 정신적 우울감까지. 모두가 우리 앞에 놓인, 실제 경험하고 있는 이슈들이다. 2030년을 기점으로 펼쳐질 77년을 우리는 또 다른 대격변의 시대로 맞게 될까, 아니면 준비된 사회로서 새로운 질서를 열어갈 수 있을까.

어떤 사회도 예측한 대로만 흘러가지는 않는다. 그러나 예측의 힘이 작동하는 사회는 그렇지 않은 사회와 분명히 다르다. 예측이 살아 있는 사회는 합리성을 갖추고, 서로 공감하며 공동의 목표를 향해 나아간다. 반면 예측이 무력한 사회는 착취와 폭력, 사기와 속임수가 판을 친다. 각자가 더 나은 미래를 만들려는 대신, 나만의 이익을 챙기려는 경쟁이 지배한다.

오늘 우리 사회가 예측의 힘을 잃어가고 있다는 불안은 단순한 기우가 아니다. '불확실하니까 예측할 수 없다'는 말은 현실을 외면하는 변명일 뿐이다. 오히려 불확실하기에 더 치열하게 성찰하고 준비해야 한다. 돌발 상황과 이머징 이슈를 외면하지 않고 작은 신호에 귀 기울이는 태도가 필요하다.

여기에 미래학이 중요한 이유가 있다. 모든 학문은 궁극적으로 미래를 예측하려는 성격을 갖고 있다. 그러나 미래학은 미래를 더 잘, 더 정밀하게 바라보기 위한 이론과 방법론을 연구한다. 교육학이 "누구나 가르치지만, 어떻게 더 잘 가르칠 수 있는가"를 다루듯, 미래학도 "누구나 미래를 이야기하지만, 어떻게 더 잘 예측할 수 있는가"를 다룬다.

해외에서는 이미 수많은 대학과 연구 기관이 미래학을 전문적으로 가르치고 있다. 핀란드, 영국, 독일, 미국, 호주, 대만 등에서는 학부와 대학원 과정에서 미래학을 정규 교육으로 운영한다. 전문 학술지와 국제 학회도 활발하다. 그러나 한국에서는 아직 제도적 기반이 약하다. 카이스트에 대학원 과정이 개설되어 있을 뿐, 대부분의 대학은 미래학을 가르치지 않으며 그나마도 미래학을 가르치는 곳은 '개론' 수준의 강의로 그친다.

나는 강의 현장에서 같은 장면을 수없이 목격한다. 대학 강의실에서, 대학원 세미나에서, 시민단체와 함께한 미래 전망 워크숍에서, 학생과 시민들이 처음으로 '미래'를 주제로 대화할 때의 표정은 대체로 어색하거나 긴장되어 있다. 그러나 시간이 조금 지나면 그들의 눈빛은 달라진다. 미래를 바꿀 수 없다고 믿던 사람들이 미래를 개척할 수 있다며 그 가능성을 발견하는 순간 표정은 설렘으로 바뀐다. 길이 없다고 생각하던 사람들이 대화를 통해 새로운 길을 그려내고, 아직 오지 않은 시간 속에서 스스로의 가능성을 발견하는 장면을 나는 수없이 지켜보았다.

많은 학생과 시민이 강의와 워크숍이 끝난 뒤 나에게 "왜 이제야 이런 기회를 가졌을까요?"라고 되묻는다. 그들에게는 상상력이 부족했던 것도, 미래를 전망할 능력이 없었던 것도 아니다. 단지 스스로 미래를 진지하게 탐구하고 표현할 기회를 얻지 못했을 뿐이다. 미래는 전문가나 권력자들의 전유물이라는 잘못된 통념이 그들의 상상력 발휘의 기회를 가로막고 있었다. 막상 작은 미래 연습을 통해 자신의 앞날을 그려보면 각 개인은 누구보다 열정적으로 미래를 논하고, 놀라울 만큼 창의적인 상상을 펼쳐낸다.

나는 이 작은 경험들이 그들의 삶을 바꾸는 것을 목격했다. 워크숍을 통해 새로운 길을 상상한 청년이 실제로 그 길로 뛰어들었고, 막연한 불안 속에 머물던 어떤 사람이 지역사회 활동에 나서는 것을 보았다. 그들은 자신이 미래를 만들었다는 경험, 그리고 그것을 나누는 과정에서 얻은 자부심을 자산으로 삼는다. 이 자산이 쌓일수록 그들의 삶은 더 단단해지고, 주변 사람들에게도 파급된다. 미래를 스스로 전망할 수 있다는 감각은 개인에게만 머무르지 않고, 사회 전체를 변화시키는 동력으로 확장된다.

그렇다면 더 많은 사람이 이런 기회를 경험하도록 만들어야 하지 않을까. 미래를 전망하는 기회는 단지 지식의 습득이 아니라, 삶을 주체적으로 살아가는 힘을 키우는 과정이다. 한 번의 경험이 인생을 완전히 바꿀 수도 있다. 내가 목격해온 수많은 미래 예측가의 탄생이 그 증거다. 우리가 불확실한 시대를 헤쳐나갈 가장 현실적이고도 강력한 길은 분명히 있다.

당신은 지금 갈 길을 잃어버린 줄도 모른 채 서 있지 않은가. 불안은 단순한 감정이 아니다. 그것은 변화의 신호다. 과거의 후회에만 매달려서도 안 되고, 미래의 불안에만 짓눌려도 안 된다. 중요한 것은 오늘을 붙잡는 일이다. 오늘이야말로 과거와 미래를 연결하는 유일한 무대이기 때문이다.

  미래는 두렵고 낯선 영역이지만, 동시에 우리의 스승이자 힘이다. 미래는 우리에게 묻는다. 지금 너는 어떤 가치를 선택하고 있는가? 네 시간이 향하는 끝에는 무엇이 기다리고 있는가? 이 질문 앞에서 우리는 더 이상 수동적인 존재가 아니다. 미래는 우리에게 공포가 아니라, 가능성을 발견하는 기회가 된다.

  우리에게 다가오는 미래가 절망의 시대가 될지, 희망의 시대가 될지는 아직 정해지지 않았다. 우리가 오늘 어떤 결단을 내리는가에 달려 있다. 예측의 힘을 잃지 않는다면, 우리는 절멸이 아니라 재창조의 길을 택할 수 있다.

  그러니 눈부시게 살아라. 과거의 후회와 미래의 불안에 사로잡히지 말고 오늘을 붙잡아라. 불확실성을 피하지 말고 마주하라. 그리고 작은 신호들 속에서 미래를 읽어내라. 그 순간, 우리는 길을 잃은 것이 아니라 새로운 길 위에 서 있는 것이다. 미래는 우리의 스승이자 우리의 힘이다.

참고문헌

고영건. (2015). 「CEO를 위한 성격심리학」. DBR
김석현, 김양희, 김유빈, 박성원, 안병진 유철규 이상영 이일영 전병유. (2020). 『코로나19, 동향과 전망』. 지식공작소
김진현. (2022). 『대한민국 성찰의 기록』. 나남출판
김홍중. (2020). 『은둔기계』. 문학동네
대니얼 카너먼. (2018). 『생각에 관한 생각』. 이창신 번역. 김영사
디팩 초프라, 미나스 카파토스. (2023). 『당신이 우주다』. 김영사
레이 달리오. (2018). 『원칙』. 고영태 번역. 한빛비즈
박경리. (2023). 『토지』. 다산책방
박성원. (2019). 『미래 공부: 전례 없고, 불확실하며, 원치 않던 변화에 대응하는 방법』. 글항아리
박성원, 박상훈, 정영훈, 허유선, 박훈. (2020). 「통합적 생태계 관점에서 인공지능의 발전과 사회변화 예측」. 국회미래연구원
박성원, 김유빈. (2020). 「세계적 감염병과 사회변화: 코로나19 이후 세계」. 국회미래연구원
박성원, 박상훈, 박현석, 전준. (2011). 「미래정책의 국민선호 연구」. 국회미래연구원
박성원, 김유빈, 여영준, 송민, 김기환, 장나은, 전준. (2021). 「이머징 이슈 연구」. 국회미래연구원
박성원 외. (2024). 「국민과 미래대화: 이머징 시티즌의 미래인식 연구」. 국회미래연구원
우치다 타츠루. (2013). 『하류지향』. 김경옥 번역. 민들레
우베 쉬만크, 우테 폴크만 엮음. (2011). 『현대사회를 진단한다: 사회진단의 사회학』. 김기범 외 옮김. 논형
울리히 벡. (1998). 『정치의 재발견』. 문순홍 번역. 거름
울리히 벡. (2014). 『위험사회』. 홍성태 번역. 새물결
위르겐 하버마스. (2007). 『사실성과 타당성: 담론적 법이론과 민주적 법치국가 이론』. 한상진, 박영도 번역. 나남신서
이규연. (2019). 『이규연의 로스트 타임』. 김영사

앨빈 토플러. (1989). 『미래 쇼크』. 이규행 번역. 한국경제신문사
최의택. (2021). 『슈뢰딩거의 아이들』. 아작
최의택. (2023). 『비인간』 (단편소설집). 잇다
프랜시스 후쿠야마. (1992). 『역사의 종말』. 이상훈 번역. 한마음사
프랜시스 후쿠야마. (2023). 『자유주의와 그 불만』. 이상원 옮김. 아르테
한나 아렌트. (2019). 『인간의 조건』. 이진우 번역. 한길그레이트북스
히라카와 가쓰미. (2015). 『골목길에서 자본주의의 대안을 찾다』. 장은주 역. 가나출판사

Archer, M. S. (1995). *Realist social theory: The morphogenetic approach. Cambridge* University Press.

Arrow, K. J. (1951). *Social choice and individual values.* Yale University Press.

Bourdieu, P. (1977). *Outline of a Theory of Practice.* Cambridge: Cambridge University Press.

Fukuyama, F. (1989). The End of History? *The National Interest*, 16: 3-18.

Habermas, J. (1984-1987). *The theory of communicative action (Vols. 1–2, T. McCarthy, Trans.)* . Beacon Press

Inayatullah, S. (2008), Six pillars: futures thinking for transforming. *Foresight*, 10(1), 4~21.

Könnölä, T., Salo, A., Cagnin, C., Carabias, V., & Vilkkumaa, E. (2011). Foresight tackling societal challenges: Impacts and implications on policy-making. *Futures*, 43(3), 252-264.

Marinković, M., Al-Tabbaa, O., Khan, Z., & Wu, J. (2022). Corporate foresight: A systematic literature review and future research trajectories, *Journal of Business Research*, 144(C): 289-311.

Miller, M., & Olsson, A. T. (2025). What Makes a Good Life? Lessons from the Harvard Study of Adult Development. *Six Seconds*

OECD. (2022). *Anticipatory innovation governance model in Finland*. OECD Observatory of Public Sector Innovation

Pennathur, P. R., Boksa, V., Pennathur, A., Kusiak, A., & Livingston, B. (2024). The future of office and administrative support occupations in the era of artificial intelligence: A bibliometric analysis. *International Journal of Industrial Ergonomics*, Vol 104, 2024: 103665

Riedy, C., & Waddock, S. (2022). Imagining trasformation: Change agent narratives of sustainable futures. *Futures*, 142: 103010

Rohrbeck, R., Battistella, C., & Huizingh, E. (2015). Corporate foresight: An emerging field with a rich tradition. *Technological Forecasting and Social Change*, 101, 1-9.

Rohrbeck, R., & Kum, M. E. (2018). Corporate foresight and its impact on firm performance: A longitudinal analysis. *Technological Forecasting and Social Change*, 129, 105-116.

Rózsa, L. (2008). The rise of non-adaptive intelligence in humans under pathogen pressure. *Medical Hypotheses*, 70(3), 685-690.

Sen, A. (1970). *Collective choice and social welfare*. Harvard University Press.

Sen, A. (2009). *The idea of justice*. Harvard University Press.

Tetlock, P. E., & Gardner, D. (2015). *Superforecasting: The art and science of prediction*. Crown Publishers.

Vaillant, G. (2000). Adaptive Mental Mechanisms: Their Role in a Positive Psychology. *American Psychologist*, 55(1): 89-98

Wheelwright, R. Verne. (2006). *The personal futures workbook*. Harlingen: Personal Futures Network.

Xu, Y., Ramanathan, V., & Victor, D. G. (2018). Global warming will happen faster than we think. *Nature*, 564(7734), 30-32.

더 깊은 미래 연습을 위해 읽어볼 책들

이 책들은 지난 20년 동안 미래학 강의를 하면서 참고한 것이다. 미래를 전망하는 데 유용한 책들을 일일이 꼽자면 한이 없을 것이다. 또 각종 미래학 저널에서 나오는 수많은 논문까지 더한다면 끝이 없을지도 모른다. 미래 전망에 관심이 많은 독자라면 우선 여기 소개하는 책들을 읽어보길 권한다. 국내에 번역되지 않은 책들은 원서를 소개했다. 이 책들은 미래를 더 깊고 넓게 바라보도록 도와준다.

우선, 미래학 개론서는 '미래학이란 무엇인가'라는 질문에서 출발한다. 이 책들을 통해 우리는 미래학의 탄생 배경과 기본 개념, 그리고 생각의 방향을 배울 수 있다. 즉, 미래를 연구한다는 것이 단순히 '예측'이 아니라 '이해하고 준비하는 일'임을 깨닫게 된다.

사회변화 이론 관련 책들은 '세상은 왜, 어떻게 변하는가?'를 설명한다. 경제, 기술, 문화, 정치 등 다양한 힘이 사회를 어떤 방식으로 움직이는지를 보여준다. 이 책들은 우리가 변화의 구조와 흐름을 읽을 수 있도록 돕는다.

미래 예측 방법론 책들은 미래를 구체적으로 그려보는 도구와 기술을 가르쳐준다. 예를 들어, 시나리오 기법으로 여러 가능한 미래를 설계하고, 인과층화분석CLA으로 문제의 깊은 층을 탐구하며, 시스템 사고로 복잡한 사회 현상을 연결해보고, 이머징 이슈 분석으로 새롭게 떠오르는 변화를 포착하는 법을 배운다.

미래 예측과 상상의 사회적 쓸모를 다룬 책들은 이런 방법들이 단순히 분석에 그치지 않고, 인간의 상상력, 윤리적 판단, 사회적 변화와 어떻게 연결되는지를 보여준다. 미래를 그리는 일이 결국 더 나은 세상을 만드는 과정임을 일깨워준다.

이 네 갈래의 책들은 각각 다르지만, 함께 읽으면 하나의 큰 그림을 그릴 수 있다. 미래를 분석하는 지식, 변화를 이해하는 이론, 예측을 실행하는 기술, 그리고 그 미래를 상상하고 실천하는 역량을 모두 키우는 데 도움이 된다.

1. 미래학 개론

박성원. (2019). 『미래 공부』. 글항아리
앨빈 토플러. (1989). 『미래 쇼크』. 이규행 번역. 한국경제신문사
이주헌. (2018). 『미래학 미래경영』. 청람

Bell, W. (1997). *Foundations of futures studies: Volume 1. History, purposes, and knowledge*. Transaction Publishers.

Bishop, P. C., & Hines, A. (2012). *Teaching about the future*. Palgrave Macmillan

Dator, J. A. (Ed.). (2002). *Advancing futures: Futures studies in higher education*. Praeger.

Dator, J. (2022). *Beyond identities: Human becomings in weirding worlds*. Springer.

de Jouvenel, B. (1967). *The art of conjecture*. Basic Books.

Masini, E. B. (1993). *Why futures studies?* Grey Seal.

Polak, F. L. (1973). *The image of the future (E. Boulding, Trans.)*. Elsevier Scientific Publishing Company.

2. 사회변화이론

미셸 푸코. (2020). 『감시와 처벌』. 오생근 번역. 나남

브루노 라투르. (2018). 『인간 사물 동맹』. 홍성욱 번역. 이음

라우어, R. H. (1985) 『사회변동의 이론과 전망』. 정근식, 김해식 옮김. 한울아카데미

리안 아이슬러. (2006). 『성배와 칼: 인류의 역사와 미래』. 김경식 번역. 비채

안소니 기든스. (2012). 『사회구성론』. 황명주, 정희태, 권진현 번역. 간디서원

요르겐 랜더스. (2013). 『더 나은 미래는 쉽게 오지 않는다』. 김태훈 역. 생각연구소

울리히 벡. (2014). 『위험사회』. 홍성태 번역. 새물결

이매뉴얼 월러스틴. (2017). 『근대세계체제IV』. 박구병 옮김. 까치

지그문트 바우만. (2022). 『액체 현대』. 이일수 번역. 필로소픽

스튜어트 홀. (2015). 『문화, 이데올로기, 정체성』. 임영호 역. 컬처룩

칼 마르크스. (2015). 『자본론1』. 김수행 번역. 비봉출판사

한나 아렌트. (2023). 『과거와 미래 사이』. 서유경 번역. 한길사

Archer, M. S. (1995). *Realist social theory: The morphogenetic approach*. Cambridge University Press.

Bourdieu, P., Coleman, J. (Eds.). (2021). *Social Theory for a Changing Society*. Routledge

Galtung, J., & Inayatullah, S. (Eds.). (1997). *Macrohistory and Macrohistorians: Perspectives on Individual, Social, and Civilizational Change*. Praeger.

Mead, M. (1970). *Culture and Commitment, a Study of the Generation Gap*. Natural History Press.

3. 미래 예측 방법론

이광형.(2024).『미래의 기원』. 인플루엔셜

존 캐스티. (2013).『X 이벤트』. 이현주 옮김. 반비

피터 슈워츠. (2007).『미래를 읽는 기술』. 박슬라 번역. 비즈니스북스

Godet, M. (2000). Creating futures: Scenario planning as a strategic management tool. *Economica*.

Inayatullah, S., Mercer, R., Milojević, I., & Sweeney, J. A. (2022). *CLA 3.0: Thirty Years of Transformative Research*. Tamkang University Press.

Ramírez, R., & Wilkinson, A. (2016). *Strategic reframing: The Oxford scenario planning approach*. Oxford University Press.

The Institute of Risk Management. (2018). Horizon scanning: A practitioner's guide. London: The Institute of Risk Management.
(https://www.theirm.org/media/7423/horizon-scanning_final2-1.pdf)

van der Heijden, K. (2005). *Scenarios: The art of strategic conversation (2nd ed.)*. John Wiley & Sons.

4. 미래 예측과 상상의 사회적 쓸모

김홍중. (2016).『사회학적 파상력』. 문학동네

레이 커즈와일. (2025).『마침내 특이점이 시작된다』. 이충호 번역. 장대익 감수. 비즈니스북스

로베르토 웅거. (2012).『주체의 각성』. 이재승 번역. 앨피

마틴 셀리그먼, 로이 바우마이스터, 피터 레일턴, 찬드라 스리파다. (2021).『전망하는 인간』. 김경일, 김태훈 번역. 웅진지식하우스

서용석. (2025).『직업의 미래』. 와이즈맵

장자. (2018).『장자(莊子)』. 박삼수 옮김. 문예출판사

제임스 하워드 쿤슬러. (2011).『장기비상시대』. 이한중 번역. 갈라파고스

찰스 테일러. (2019).『근대의 사회적 상상』. 이상길 옮김. 이음

미래 지능
미래 예측력을 높이는 방법

초판인쇄 2025년 10월 30일
초판발행 2025년 11월 7일

지은이 박성원
펴낸이 강성민 이은혜
마케팅 정민호 박치우 한민아 이민경 박진희 황승현 김경언
브랜딩 함유지 박민재 이송이 박다솔 조다현 김하연 이준희
제작 강신은 김동욱 이순호

펴낸곳 (주)글항아리 | **출판등록** 2009년 1월 19일 제406-2009-000002호

주소 경기도 파주시 문발로 214-12, 4층
전자우편 bookpot@hanmail.net
전화번호 031-955-8869(마케팅) 031-941-5161(편집부)
팩스 031-941-5163

ISBN 979-11-6909-448-1 03300

이 책의 판권은 지은이와 글항아리에 있습니다.
이 책 내용의 전부 또는 일부를 재사용하려면 반드시 양측의 서면 동의를 받아야 합니다.

잘못된 책은 구입하신 서점에서 교환해드립니다.
기타 교환 문의 031-955-2661, 3580

www.geulhangari.com